New Life

21

New Life

21

陽剛與陰柔

The Way of the Superior Man

觸及男人靈魂深處的經典，也讓女人感到終於被理解！

大衛・戴伊達（David Deida）／著
曾婉琳、吳郁芸／譯

New Life 21 陽剛與陰柔 觸及男人靈魂深處的經典，也讓女人感到終於被理解！

原書書名 The Way of The Superior Man
原書作者 大衛・戴伊達（David Deida）
譯　　者 曾婉琳、吳郁芸
封面設計 林淑慧
特約美編 李緹瀅
主　　編 高煜婷
總 編 輯 林許文二

出　　版 柿子文化事業有限公司
地　　址 11677臺北市羅斯福路五段158號2樓
業務專線 （02）89314903#15
讀者專線 （02）89314903#9
傳　　真 （02）29319207
郵撥帳號 19822651柿子文化事業有限公司
投稿信箱 editor@persimmonbooks.com.tw
服務信箱 service@persimmonbooks.com.tw

業務行政 鄭淑娟、陳顯中

初版一刷 2020年12月
　　二刷 2020年12月
定　　價 新臺幣399元
I S B N 978-986-99409-6-2

歡迎走進柿子文化網 http://www.persimmonbooks.com.tw
～柿子在秋天火紅 文化在書中成熟～

國家圖書館出版品預行編目(CIP)資料

陽剛與陰柔：觸及男人靈魂深處的經典，也讓女人感到終於被理解！／大衛・戴伊達（David Deida）著；曾婉琳、吳郁芸譯. -- 初版. -- 臺北市：柿子文化事業有限公司， 2020.12
面；　公分. --（New life；21）
譯自：The Way Of The Superior Man: A Spiritual Guide To Mastering The Challenges Of Women, Work, And Sexual Desire (20th Anniversary Edition).
ISBN 978-986-99409-6-2（平裝）

1.成功法 2.生活指導 3.男性

177.2　　109017981

國內好評

大推！

好書！精準而不俗、大膽卻細緻地描述男人心、男人情、男人的性與靈。

——AKASH阿喀許，心靈導師、靈氣師父

革新的男性能量與女性能量之極性共舞

「如果任何人要完全成熟，就必須使人格中的男性和女性兩方面都進入意識。」心理分析學家瑪莉・埃斯特・哈丁（Mary Esther Harding）如此說。

這是一本有關男性的現代精神和實用指南，大膽的探討了男性生活中最重要的問題，從職業、家庭到女性，從親密關係到性、愛情和靈性，為讀者提供直接的建議、授權的技能、身體慣性等，以幫助你立即實現充實的生活，毫不妥協。

在親密關係中，大衛・戴伊達討論了「極性理論」。他提到身為進化中的人類，想要學會愛的藝術，必須重視陰陽本質上的不對稱，尤其在這個男性／女性的重新定義的時代，如何利用雙極性特質的能量運作，在身體、心靈、情感和心智各個層面上，不論性別，建立一個開放、自由、平衡的系統，讓愛充滿磁性般地流動。當我們有能力根據情境進行切換，就能夠以實用的方式識別和管理情緒，信任自己、輕鬆地與他人相處，並連接到我們內在的真我。

本書中，當大衛・戴伊達提到「男人」時，他實際上也是在指內在陽性能量，「女人」係指內在陰性能量，是愛、靈感和力量無窮的泉源。本書的目的，是釋放陽性能量的最優越形式，從您的信念挑戰到核心，都更能自由感受那自然活力的能量交流活動。

這雙極性特質的能量實際上是互補的，這是非常美麗的。然而，一個人實際上可以同時體現這雙極性特質，若能如此，此人的內在合一就會更加顯著了。

對於男性讀者來說，本書提供了當今陽性男人的終極挑戰和報酬——掌握女性、工作和性慾挑戰，在當下的無限開放中充分表達意識和愛意，你將更有能力自覺地重新定義男性氣質對自己的意義，這將使你與體內的陽性能量建立健康的關係。

你準備好挑戰了嗎？您是否願意訓練自己去採取必要的行動，以帶來美好的生活呢？

對於女性讀者來說，本書讓女性更充分地認識女性能量的氣質，理解內在陰性能量就像潛力無限的海洋，將使您大開眼界，體驗靈性覺醒、優質生活方式的潛力。

——Amy黃逸美，《意識結構》共同作者、意識結構研究會負責人

給自己一個機會填補陽性靈魂的印記

由於我開設專屬於男性朋友的瑜伽課程——「男力性能量轉化瑜伽」，從課堂中，我比一般人有更多機會聽到一群男人坦露分享私人的私密事，婚姻、情感、事業、人際問題、同性戀、異性戀、早洩、性衝動等等。

這門課程的內容是結合靈修、瑜伽與密宗性能量的精髓，用意是讓男人重新認識性事，藉此提升、轉化男性的性高潮為靈性能量。原本以為如此冷門的課程應該不會受到市場青睞，卻意料之外的堂堂爆滿，這或許突顯出一個現象：男性身體與心理也需要被照顧，他們面臨的問題其實不亞於女性。

男人的煩惱為什麼不向人說？男人的心事並不是不說，而是不懂該如何說、該向誰說？男人要將苦向外吐訴，往往是要比女人花上更大的力量。男人從小未被教導如何「表達」，導致男性從青少年、成年，直至步入中年，糾結於心中的苦卻愈來愈盤根錯節。

小時候，男孩錯過了認識「一名男人」的機會，現在，你應該給自己一個機會，《陽剛與陰柔：觸及男人靈魂深處的經典，也讓女人感到終於被理解！》的出版，正好能幫助你填補曾經遺落的那一大塊「成熟男人靈魂的印記碎片」。

《陽剛與陰柔：觸及男人靈魂深處的經典，也讓女人感到終於被理解！》明確地點出男性隱諱不可說的心事，它將男人私密的問題完整地攤在陽光底下來說明，性不再是存在於下半身高潮，它是完全可以存在於意識、轉化、提升三者之間的，正確地看待與處理性，不僅僅可以幫助一個男人破除事業、家庭、婚姻問題，更能突破靈性的灰色天花板。我必須特別說明的是，本書第七部分〈身體實踐〉非常重要，它與我在「男力性能量轉化瑜伽」所教導的觀念與實務技巧是相呼應的。

——宇色，「我在人間系列」作家、靈修、瑜伽士

這本書能夠提供不少你沒看過、想過的想法

男女關係與心理學並非是我的專業，但我很清楚這是人生非常重要的一環。在我指導人們運動與飲食的過程之中，其實男女的關係一直佔據了非常重要的關鍵。

我經常開玩笑地說：「人因為胖而沒對象，因為瘦而找到對象，又因為幸福肥而逐漸對對方失去吸引力並導致分手，這彷彿是一個惡性循環，十分耐人尋味。」在運動教學與飲食建議的過程中，我經常遇到因為感情不合、婆媳關係、夫妻吵架而導致的放棄運動或飲食失控，所以，我認為好的男女關係其實跟健康是息息相關的。

多數的父母，都是在沒有學習過怎麼當父母的情況下當上了父母，這其實是一件很恐怖的事情。事實上，男女之間的關係也常常是這樣。

然而，你其實不用在經過很多段失敗的感情之後，才去意識到男女之間的關係也是需要學習的——尤其千萬不要從戲劇裡面去學習男女關係，甚至是渴望你的另一半會像戲劇裡面的男女主角一樣！

雖然男性、女性都是人類，但我覺得我們其實應該要把對方當成不同的物種來看待，在你身上理所當然、輕而易舉的事情，在對方身上可能完全不是那麼一回事。

想要經營好男女關係，你勢必得先知道對方這種物種有著什麼樣的行為思考模式，你不必全盤接受他們的行為思考模式，但你得去了解——不知道問題在哪裡，就永遠無法解決問題。

或許，看完這本書未必能夠解決你所面臨的問題，但是至少你可以對認識男性與女性深層的想法有更進一步的認知。我很欣賞書裡面一些非常直白的說法，例如——「別期望這些事情會改變，或是有停止的那一天，但你可以因為了解為什麼會這樣，或是對方真正想要的是什麼，而幫助自己有更多的寬容與應對的策略。」

感情不是自助餐，異性也一樣，你沒有辦法只選擇你想要的那一部分，本書對於男女深層的思維與行為模式都有深入的剖析，我認為男女都可以看，因為你可能並不是那麼了解自己這個性別許多天生的心理與行為模式。

俗話說：「家合萬事興。」如果你能夠把男女相處這一塊搞定，那麼你的人生至少就已經成功三分之一了，誠摯的推薦大家能夠就這方面多一點的研究，而這本書能夠提供不少你從沒看過、想過的想法。

——陳世修（Martyn），《生酮哪有那麼難！》作者、健身教練

讓你的他／她過得更好，就從這本書開始

男人會有一種情緒上的自我受限，面對事情不能哭、不能情緒化、不能多愛自己一點，男人不敢也不能做自己。於是乎，從內心找出自我的聲音，自身心靈上超越自我，就成為所有男人的課題——包含我也是。

具有儒雅風範的大衛・布魯克斯（David Brooks）告訴我們，不要只為了履歷表而活，而為了人們追悼文中的讚譽而活；而《陽剛與陰柔：觸及男人靈魂深處的經典，也讓女人感到終於被理解！》的大衛・戴伊達告訴我們，要懂得活在當下，並為自愛與愛人而活。真誠地做自己，並把靈性的力量傳遞給親密伴侶、每個人，如此一來，人們便能感受人際關係上的熱度、挖掘性與愛的泉源，以及尋得自我超越的契機。

《陽剛與陰柔：觸及男人靈魂深處的經典，也讓女人感到終於被理解！》探討了許多公開議題，如工作、職場、君子風範，也有更為深入的性事、男女互動與愛情。我特別喜歡他在書中提到，男女都有陽性本質與陰性本質，這使得我們不會再以單一面向去看待任何人，在面臨他人的情緒或言語時，能思考的更為周全。此外，戴伊達也鼓勵人們突破束縛奔向自由，在這個匆忙且煩躁的時代，勇於面對恐懼、放開限制你輸出愛的任何事物，才能在靈性層面達到自由。

《陽剛與陰柔：觸及男人靈魂深處的經典，也讓女人感到終於被理解！》出版至今已經超過二十年了，即使覆上了一層時間的砂礫，明亮的珍珠仍然歷久彌新。十分鼓勵所有的男人都該

來看看這本書，如果你想讓你們彼此的關係變得更好，或是讓你的他／她過得更好，那麼，請你就從這本書開始吧！

——鄭匡寓，網路媒體編輯、專欄作家、自由撰稿人

國際推薦

大衛・戴伊達可以算是膽子最大的當代靈性大師了。

——維杰・拉納（Vijay Rana），《沃特金斯評論》

身為一個女人，我從未感受到這麼地被理解和肯定。

——瑪西・許莫芙（Marci Shimoff），《心靈雞湯：關於女人》作者之一

四個字，開放與愛！大衛・戴伊達發現了一種新的語言，讓那些原本說不出口的事情變得栩栩如生！

——科爾曼・巴克斯（Coleman Barks），《在春天走進果園》作者

每隔一陣子就會有人提出嶄新的想法。他們的思路看似能回答一些共通的問題，他們的著作和專題討論逐漸受到注目，過不了多久這些想法變成了我們文化的一部分。大衛・戴伊達就是這種人。我相信過不了太久，他的想法會像野火般蔓延開來。

——瑪麗安娜・威廉森（Marianne Williamson），《發現真愛》作者

大衛・戴伊達所提出的內容，有幾則都是他原創的想法，他教導的方式也無法歸屬於任何派別。他就像一座橋梁連接了東西方，也連接了古代與現代的智慧傳統。在形形色色的靈性大師之中，大衛有別於其他已經豎立的大師風格，他擅長用充滿活力的口吻直接點出現實，他就像一位

自由奔放的爵士樂手。記住我說的：我希望在不久的將來，大衛・戴伊達所創的西方律法將被視為表達靈修本質最崇高且可行的方式之一。

——舒亞・達斯喇嘛（Lama Surya Das），《喚醒內在的佛性》作者

即便我只是稍微翻了一下，大衛・戴伊達的書顯示了他對人類狀況的熱愛深度，以及他對內在靈性有著非常深刻的理解，這本書的內容實在難得一見。這是一本非常獨特的禮物，我找不到文字足以形容我對這本書的感謝與欣賞。

——珍妮・韋德博士（Jenny Wade, PhD），《心靈的變化》作者

靈性像是高不可攀的白雲，但是大衛・戴伊達把這朵白雲帶到我們的身體裡，這也是屬於它的地方。他提出實際的方法去改變我們的精神感受，無論你是新時代還是保守派，都歡迎你採取他提出的方法。在這個世界，真實是愈來愈稀有的商品，而戴伊達幫助我們變得更加真實。

——瑪麗安娜・卡普蘭博士（Mariana Caplan, PhD），《登頂途中：過早聲稱悟道之誤》作者

我覺得戴伊達的文字堪比天才詩人，他對女性心理的了解也令我非常吃驚。

——米蘭達・蕭博士（Miranda Shaw, PhD），《性愛與覺悟：藏傳佛教中的女性》作者

《陽剛與陰柔：觸及男人靈魂深處的經典，也讓女人感到終於被理解！》是一本大膽、充滿

挑戰性且非常有見解的書。書的內容提到的陽性本質傳達出強烈的性愛含意，以及清楚的靈性概念……戴伊達鼓勵並教導男人要活在極限的邊緣，以及堅決地去找尋自己最深層的意義和最遠大的目標。他的文字毫不留情，不屈不饒。

——《新時代出版暨零售協會雜誌》

戴伊達透過非比尋常的誠懇態度，提出前所未有的觀點來探討男人內心最深層的慾望，藉此剖析男人的生命中最具挑戰性、最重要的議題。從工作、職業到性事、女人和愛情，在這個日益表面、機械化的世界，男人做什麼事情都一定要找到目標才行，而《陽剛與陰柔：觸及男人靈魂深處的經典，也讓女人感到終於被理解！》就是告訴男人要從容地面對自己最真實的一面，才能發現自己最深層的願景及徹底發揮自己的天賦，進而過上滿足的一生，而且不必妥協任何事情。對於現代世界的男人，這本書點出了革命性的觀點，如果男人想要過著正直、真實且自由的人生，這本指引書你絕對不要錯過。

——《中西部圖書評論，評審精選》

請銘記在心！

儘管不少人會認為這本書提及的方法、訓誡和觀點挺管用的，但不應理解為本書作者或出版商是在給予特定醫療、心理、情緒、性或靈性方面的建議。本書的所有內容絕非針對任何醫療、心理、情緒、性或靈性方面的問題提出診斷、處方、建議或治療方式。鑒於每個人的需求不同，而本書無法將所有個體差異列入考量，如有治療、預防、療法或與身體健康相關的需求者，請一定要諮詢有執照且合格的醫生、治療師或專業人士。患有性病或任何性器官或攝護腺疾病者，在操作本書所載之性愛方法前，應先徵詢醫生及合格的性愛瑜伽導師。

PART 1 男人之道

PART 2 與伴侶的相處之道

願本書釋放你的真正天賦，
讓你不只活著、愛著，
更能幫助萬物眾生！

［序］

二十週年紀念版序

在《陽剛與陰柔：觸及男人靈魂深處的經典，也讓女人感到終於被理解！》初版二十年後的此時此刻，它的重要性比其他任何時候都更值得強調。

如今，男性和女性的老舊角色正在迅速瓦解，我們開始以全新的方式表達性別。在這個新的世界裡，女性也能夠發揮她的主導能力，男人也不再是肩負生計及家庭目標的唯一那個人，因此我們都正在重新尋找自己在這個新世界或這種新關係中的價值。

當男性的價值不再以他所做的事、他的財務狀況或社會地位來衡量時，他又該如何評斷自己的價值呢？

在這個新世界裏，男人的存在——其意識的深度——才是他最寶貴的財富。

一個男人的價值，在於他存在的深刻程度。

膚淺的男人很容易被干擾、受動搖，對他的女人和這個世界來說，他的價值就低於一個有深刻存在的男人。比起鬼祟的目光，深邃而堅定的眼神更能傳達真理；比起緊張的短促喘息，完滿而均勻的呼吸更值得信賴；比起僅僅埋首於一個接著一個的日常事務，植根於深不可測的生命之謎、無畏直面死亡之浩瀚者更能活出其存在深度。

《陽剛與陰柔：觸及男人靈魂深處的經典，也讓女人感到終於被理解！》將教你如何凝視、如何呼吸，以及如何建立目標。這是假不來的，你若不是知道真正的自己，就是在逃避；你若不是明白自己正在享受並體現你的靈魂目標，就是在拒絕你天生的使命；你若不是能夠在面對一知半解的死亡時持續地對當下說「好」，就是因為害怕而無法敞開地去感覺生命的不可知。

恐懼是對當下缺乏信任，恐懼是向當下時刻說「不」。《陽剛與陰柔：觸及男人靈魂深處的經典，也讓女人感到終於被理解！》是在培養你對當下生命現實的全然信任。無論現實有多大，它都正在發生，當然也包含你，去感受它的無邊無際，不要抗拒；當你感受到它，並對當下說「好」，你才會知道自己是誰。你將會明白你的存在力量，就是當下的圓滿覺知。

如果金錢或成就能夠代表一個人，那麼當他與擁有更多的人相比時，就會覺得自己是軟弱、脆弱的。然而，一旦他認知到自己就是那散發光芒的覺知——有意識且光采煥發，這樣的覺醒會讓他得以與現實的巨大能量完美和諧共處，當下的無限力量就是他的存在和力量。

我將在書中引領你透過深刻理解自己的存在來了解你真正的力量。你將學會進入完全的覺知，如此一來，你就能知道自己是有意識地存在著。你會愈來愈相信當下生氣勃勃的完滿，因為這一切將自然地出現在你身上和你的經歷當中。你在凝視、呼吸及行動中體現這種深刻的存在力量的能力，會決定了你在性愛和金錢上的感知價值。

你的女人和你的世界，正在等著你用全部的身體去奉獻你覺醒之心所散發出的真正力量。

願《陽剛與陰柔：觸及男人靈魂深處的經典，也讓女人感到終於被理解！》能帶領你奉獻出最深刻的贈禮。

［序］

二〇〇四年版序

《陽剛與陰柔：觸及男人靈魂深處的經典，也讓女人感到終於被理解！》是為了男人與他們的愛侶所寫的實用指南。我的初衷是與讀者分享自己遇到的人生課題及其領悟，尤其是——男人該如何在追求自我靈性成長的同時，**心懷激情地面對女人、工作和性慾所帶來的種種挑戰。**

這些年來，在與成千上萬的男男女女分享本書後，我可以確定：無論是異性戀或同性戀、單身或有伴侶，都能夠從當中的經驗和教訓得到收穫。在現今這個性別和心靈革命正不斷進化（因而也導致了些許困惑）的世界裡，這些經驗和教訓可能比以往任何時候都來得更有意義。

其中一項尤其重要的經驗教訓是：身為仍在進化中的人類，若想在這所名為「生命」的學校裡學會愛得更有技巧、更藝術，拿到畢業證書，當中有個重要的階段：學習「駕馭」。

透過本書所述之道，我做著自己喜歡的工作，也賺飽了荷包；我學會引領心愛的女人，與她一同邁向光明，同時駕馭並享受性愛的美好。**我做到了，你也做得到！**

然後，你會獲得真正的成長，而這會使你有機會迎接新的人生課題——就像至今為止，你達成了曾經所感興趣的任何事物，甚至是超越了它們那樣。

那些小時候你喜愛的東西，如今長大的你已經不大感興趣了，而如今佔據你所有注意力的事物，遲早也將會成為過去。這樣的成長是自然的，也是有益的，我們天生就是要拋開（或說超越）一件又一件事物而逐漸成長——包含我們想要體驗並追求更豐足金錢、更美好性愛和親密關係的渴望。

本書會提供你和另一半一些必須掌握的課題，好讓你們的關係得以邁向下一個階段——你們的心智將會因互相交流而敞開，身體也會像光一樣輕盈自在。據我所知，在那樣的境界中，透過這些課題，依然還有成長之道，然而，我們必須先跨出眼下的第一步：

你要全然地投入生活；你得知曉深藏於心的使命。去發揮你降生於世就注定要奉獻的天賦才能；去享受性愛，那是探索愛情之奧妙的宇宙之門；去幫助你的朋友成長。人生難免起起伏伏，交織著令人驚歎的成功和使人痛苦的絕望，不過，一旦你懂得如何應對來自女性、工作和性慾等的種種挑戰，你會願意放下自己的過往，甚至忘掉自己的存在。

最終，我要先告訴你（正如有人曾經這樣告訴我）：真正的陽性核心男子漢會為所有已經明白或經歷過的陳年舊往畫下句點。

接下來，就從你最關切的地方開始吧——我也是這麼做的。我將我的老師和生命本身要我領悟的一切全部都寫在書裡了，那是在有無限可能性的世界中，我身為男人曾走過且卓然有效的道路。隨著你的成長，你將走出自己的人生道路，從而拓展你的經歷和見聞。

總結一下我新寫的序：別再等待！現在就去感受一切！刻苦銘心地去愛吧，付出一切，但也要捨得放下。

如果感覺到有股動力驅使著你，那就請堅持不懈地反覆執行吧！

這條通往真正人生的道路悠遠而綿長，消融於廣闊無垠之間，難以言盡。

我寫這本書，是為了指引新一代的男性，尤其是毫不掩飾其陽剛之氣的男人——他目標明確、自信果敢、為人直接坦蕩，以充滿幽默及真誠的態度過自己所選定的生活，同時，他也十分敏銳、主動率性、在靈性方面活潑自然，全心全意地去探索並投入他最深刻的內在真理。

這種類型的男性特別容易被女性激發興致，他喜歡以性愛去迎納他的女人，讓她如痴如狂，但他用的不是老派的大男人作風，而是用滿滿的愛去充滿她，直到她消融在愛裡——直到他們一起消融在愛裡。他透過工作與性愛去體現這世上的愛，而且身為自由的男人，他並不受外在的傳統和內心的怯懦所束縛。

這種新進化的男性並不是人見人怕的惡霸，他不會裝腔作勢地擺出一副金剛統治整個宇宙的姿態。同時，他也不是那種沒有骨頭的新時代窩囊廢，個性柔弱、微笑迎面、滿眼星光卻不切實際。他欣然擁抱自己內在的陽性和陰性，而不再只緊緊捉住其中一種性別特質。他不再需要總是對的，他沒有必要時時刻刻讓人感到安全，他也不必假裝自己很合群、喜歡分享，就像個雌雄同體的好好先生。

陽性核心男子漢會依他最深層的內在核心去過生活，無所畏懼地發揮自己的天賦才能，在轉瞬即逝的短暫片刻去感受、融入存在的開放性，然後全心投入去拓展愛。

為了點亮《陽剛與陰柔：觸及男人靈魂深處的經典，也讓女人感到終於被理解！》的主旨，我會提到我另一本書《親密溝通》當中一些關於性愛和靈性成長的原則。

在不久以前，男性與女性擁有各自固定且涇渭分明的角色——男性應該出外賺錢打拼，女性得留在家裡帶孩子；男性多半握有身體與財務上的優勢，並利用這兩點去主宰、威嚇甚至操控女性，至於女性，則大多藉由性愛或情感的擺布和傷害來控制男性。不過，過往這般極端卻典型的手段，只適合大男人主義的混蛋和唯夫是從的主婦。如果你正在讀這本書，我想你大概已經跨過這種兩性身分的第一階段，或者至少你可以對這種認知付之一笑。

接踵而來的階段（也就是目前的階段），則是男性與女性都在追求讓自己內在的陰性及陽性能量達到「五十比五十」的平衡狀態，於是他們變得與彼此愈來愈相似。

比方說，在一九六〇年代的美國，男性開始強調自己內在的陰柔本質，他們學著順從自己的內心，放棄自己剛強、單向度的男性立場，轉而開始留長髮、穿起色彩繽紛的衣服、熱愛自然與音樂，並追求更無拘無束、享受感官的生活，這些做法都是為了散發或誇耀他的魅力、能量及生命的豐富力——也就是強化他們陰性的那一面。

與此同時，女生開始追求另一個極端的魅力。她們刻意強調內在的陽剛之氣，在人格上變得具方向性，有明確的目標或願景。此時的女性取得了財務和政治的獨立性，她們更致力於追求受更高等的教育、鞏固事業上的成就，也更專注於個人的長期目標，這也使她們對自己的需求和慾望採取更加堅定和強烈的態度。

正在閱讀本書的你，有可能已經比你的父母更加「平衡」了。如果妳是女性，妳大概比妳媽媽更獨立、更堅定、更自信；如果你是男性，你可能比你爸爸更懂得表達情緒、更豁達、更開放，或者，即使你甚少表達情緒，至少你願意接受那些情緒。別忘了，髮型獨特的男人或穿西裝的女人經常被認為是可疑人士的情形，距離現在不過是幾年前的事。

隨著時代進步，男人學會擁抱內在的陰性、女人學會擁抱內在的陽性，這其實不失為一樁美事，在這樣的過程中，他們都變得不那麼割裂、也變得更完整，同時，他們也不用再那麼依賴對方——也就是說，男人可以替嬰兒換尿布，女人也完全有能力處理被捕鼠器抓到的老鼠。此外，大男人變得更寬容、更富同理心，溫馴唯諾的主婦變得更獨立且有目標。對所有人來說，在社會上，男性與女性的角色變得更接近，的確是更好、更進步的改變。

然而，這種五十比五十的階段並非終點，而是**男人與女人成長過程的中繼站**。事實上，兩性變得愈來愈相似所帶來的副作用，可能是今日親密關係不幸福、不愉快的主要原因。

男性與女性處在這個五十比五十的階段，帶來經濟與社會地位的平等，也漸漸形成「性中和」（又譯「性無感」）。銀行裡的帳目無疑是平衡了，但兩性的激情也漸漸冷卻了；雖然男性沒有那麼大男人了，但電視節目和電影情節中的性與暴力卻有增無減；縱然女性更能夠掌握自己的經濟權，但是上醫院求診去解決壓力相關疾病的女性卻也愈來愈多……

為什麼會這樣呢？

在我的諮詢中，我聽過許多獨立又成功的女性抱怨現今有不少男性變成了「弱雞」，過於軟弱又舉棋不定，難以讓人真正的信任。我也聽過一些敏感又感情豐富的男性抱怨現今的女性讓他們的陽剛之氣難以發揮，她們脾氣剛硬、防備心強，以至於他們很難盡情擁她們入懷。

這是人類兩性智慧和演化的最終型態，還是只是進化的中繼站而已呢？

為了解答這些問題，我們需要理解性愛激情和靈性開放的本質。

□□□□

性吸引力的基礎，主要是「性兩極」（sexual polarity）——也就是陰陽兩端之間相互作用的激情力量。所有的自然力量都會在陰陽兩極之間彼此流動，就像地球南、北極產生的磁力，也像是電源插座或汽車電池的正負極所創造出來的電流。同樣的，人類之間的陰陽兩極也創造出性感覺的流動，這就是性兩極。

陰陽兩極之間的吸引力原本應該是不斷相互流動的，然而，這股推進親密關係的動力在現代關係裡卻時常消失了。如果你想要擁抱真正的激情，那麼兩人當中就必須有一方令對方忘我沉醉，而另一方能夠為這激情痴狂，否則你們就只是兩個在床上互相摩擦的性夥伴。

無論男女，我們每個人的內在都同時具備有陰性與陽性的特質。男性可以戴耳環、可以溫柔地擁抱另一半、可以忘情地在森林狂舞，而女性可以自己替車子換機油、積累自己的政治能力與財富、當然也可以上擂臺打拳擊；男性可以照顧孩子，而女性可以為國家出征……我們已經證明了這一切了！我們每個人都可以在特定時刻激發自己內在的陽性或陰性能量——僅管我們可能強烈偏好做性兩極當中某一極特質的事。

當今這種新型態的「五十比五十」或「第二階段」的親密關係的底線在於：**假如男性和女性**

雙方都過於執著「政治正確的性魅力」（也就是愈趨於中間的性魅力），就連在親密時刻也同樣如此的話，那麼他們之間的性吸引力就會消失。

我指的不只是做愛的慾望，而是連整個親密關係的泉源都會乾涸。他們之間的愛也許依舊強烈、穩健，情感可能依然堅固，但性兩極的吸引力已然凋零——除非在親密時刻有一人願意扮演陽剛的角色，而另一人願意扮演陰柔的角色。如果你不想失去對性的激情，能和對方在性愛的樂園裡玩耍，那麼激發陰陽兩極性的差異就是不二法門。

不論是異性戀者或同性戀者，這個道理都是一樣的。事實上，男同性戀者與女同性戀者相當明白，性兩極和實際性別根本是兩碼子事，要維持性關係中的激情和熱度，一定得在關係中維持兩極：男與女、零號與壹號、公與婆等等，你大可自己決定要用什麼稱謂來形容親密關係中的兩極，決定權在你的手上。

在性魅力相似的伴侶之間，當然可以擁有美好的感情，但如果在某個時刻你想要強烈的性兩極，那在親密時刻就必須有一人更陽性、另一人更陰性。即使雙方都同為男性或女性，那也不是問題。就連在異性戀當中，男性扮演陰柔一方，而女性扮演陽剛一方，那也無所謂，你們甚至可以每天互換扮演的角色。

在愛情裡，你或許沒那麼需要這樣充滿能量的兩極——陰陽之間具吸引力的差異，但在維持性激情和性熱度上，這樣的差異卻是不可或缺的。

對於某一些人——那些被我稱為「性本質平衡」的人——來說，性兩極並不重要。因為他們並不怎麼想要在愛情裡太多的親密激情，不想要充滿性愛的激盪和暗示，他們並不需要愛侶之間那鬧著玩的耍野；反之，他們追求的是一段充滿愛與人性分享的情誼關係，而不喜歡受到情慾起伏跌盪的影響。

對於這些人來說，這本書並不適合他們閱讀，甚至可能會冒犯到他們。

這本書是專為在性兩極上更陽剛的人、也為了其伴侶（通常在性兩極上更陰性）而寫的——這是因為你總是會受到相對應那一極的人所吸引。無論是好或壞，這些人無法抗拒性兩極差異所帶來的吸引力，進而與對方交往。

你的性本質就是你的性核心。如果你的性本質偏向陽剛那一端，儘管你可能也可以享受留在家裡陪孩子玩耍，但在你的心底，卻會被某種強烈卻難以言喻的使命感推動著。若你是這樣的人，就算你已經擁有美滿且充滿愛的親密關係與家庭生活，一旦你還不知道自己的使命，在你發現這深刻的生命目標並全心全意把它實現之前，你的生命核心依然會感到空虛。

相對而言，假如你擁有的是更為陰柔的性本質，那麼，就算你的事業十分的成功，只要愛無法圓滿地在你的家庭與親密生活裡順利流動，你的生命核心便不會感到完滿，並且老是感覺到悵然若失。

使命，或是追求自由，是陽性的優先考量，而對愛情的嚮往和追尋，則是陰性的第一要務，這正是為什麼擁有陽性本質的人會喜歡看足球賽或拳擊擂臺賽更勝於愛情電影。體育競賽正是為了追尋自由，比方說突破對手的防禦或密集攻勢；體育競賽也是為了達成任務，像是帶球達陣，或者經過十回合激戰後仍然屹立不倒。對陽性而言，使命、競爭與孤注一擲（即「面對死亡」），是入迷出神（ecstasy）的不同形式——戰爭故事、以身犯險的英雄氣概和體育競技的決賽等等，都十分受到陽性的歡迎。

然而，對陰性而言，追求愛才能觸及其內在核心。無論是肥皂劇、愛情故事或跟朋友討論親密關係，對愛的渴求總是會出現在陰性的娛樂活動當中。陰性希望被愛充滿，如果真愛並不在眼前，那麼透過巧克力和冰淇淋——或者是浪漫的愛情戲劇——來獲得愛也行；陽性則比較渴望透過活在極限邊緣去感受生命的極樂，要是他沒有膽量自己去執行，就會藉由觀賞運動賽事和警匪片來獲得。

當然，快樂又生命圓滿的男男女女，是能夠享受運動賽事也享受吃冰淇淋的，我真正想要表達的是：**即便所有人都同時擁有陽性與陰性的特質，而且可以在任何時候發揮某一面的特質（比方說在職場上成為風雲人物或是養育孩子），但大部分的男性和女性還是會分別具有比較強烈的陽性或陰性核心**，這一點，我們可以從他們經常從事的娛樂活動、他們的性愛偏好等等觀察出來。

各位不妨想像一下：你是否希望另一半在床上表現得比你更強勢，還是希望能感受到對方的脆弱？把另一半壓倒在身下，或是讓對方制服你，哪一種情況會讓你更興奮？你比較想要拜倒在敏感又強壯的愛人腳下，還是希望對方臣服、融化在你的臂膀裡？也許在不同時刻，來點不一樣的你也同樣喜歡，但在大部分的時候，哪一種情況能讓你更加興奮？或是說，剛才說的每一種情況都同樣能讓你興奮無比？即使你的愛人比你強壯或纖弱，在體能上跟你幾乎一樣，都同樣能引發你的性趣和激情？

以我的經驗來說，大約百分之九十的人都有特定且明顯的偏好。面對徒步逼近的小強，要不是寧願愛侶殺死牠，就是毫不介意自己動手，而後者也許同時有著某種運動狂熱；有些人特別喜歡觀賞浪漫的愛情劇，有的人則偏好血腥的拳賽，這種好惡是十分明確的，或許在不同時間，他們可能享受這樣不同的活動，但他們在情感上實際上是更加投入其中一種並有所共鳴。

如果你看過一群充滿陽剛之氣的人看超級盃賽事便會明白：一群同好看著另一群身負共同使命的人在極限邊緣全力拼搏，奉獻出他們的天賦才能，或是被對手痛宰時，所引發的情緒反應究竟有多麼的強烈。

這其實就是說，**大約有百分之九十的人擁有鮮明的陽性或陰性的性本質**。除了追求充滿愛的情誼，在親密時刻，更陽性的人會充滿熱情、親愛地及狂熱地讓另一半狂喜若醉，更陰性的人則期待另一半能讓自己如痴如狂——起碼在某些時刻是這樣的。無論對哪一種性向而言，這個道理都是相同的。

不管是異性戀或同性戀，大約有百分之十的人擁有「性平衡」的本質。看拳賽和看愛情劇同樣都能讓他們情緒激盪，或者同樣都無動於衷。另一半是強壯或纖弱，對他們來說並無所謂，對他們而言，性兩極不是維持親密關係的必要因素。

無論性別或性向為何，只要你想體會深刻的靈性和性愛的圓滿，你都必須知道自己與生俱來的性本質是偏陽性、陰性或性平衡，並且真誠地把它活出來。**絕對不要以非真我的能量做掩蓋，**

去否定自己真正的性本質，否則你將無法朝著真正的生命目標前進，也無法在愛的流動裡真正的自由。本書將指引你擺脫偽裝，活出真我——尤其針對那些具鮮明的陽剛性本質者，以及他們具有鮮明陰柔性本質的另一半。

出於良善的動機，為了提供男女平等的機會與權利，**許多人在無意間壓抑了自己的真實性本質。**然而，其實我們不必這麼做，即便我們真正地活出內在核心的陽性或陰性本質，還是同樣可以實現性別平等的理想。只是，大部分的人都沒有做到，所以他們才感到痛苦。

大部分的人都忘了，職場的經營之道是有別於親密關係的：因為有百分之九十左右的親密關係是由一位偏陽性和其偏陰性的伴侶所結合而成，剩下的百分之十才是性平衡的情侶。若要在你們的關係裡讓性激情在兩極之間周流不息，就必須在親密時刻強化陽性與陰性之間的差異，而非淡化這樣的差別。然而，當這兩極因為家庭和工作因素而變淡、變弱，性吸引力就會慢慢減弱，而人們的精神層次和身體健康也會隨之被削弱。

如果你刻意強化自己的陽性或陰性本質，去「偽裝成性平衡」，這樣硬幹其實會對你的各個層面都產生影響。為了適應偏陽性的工作，在職場上追求表現，真我偏向陰性的人身上會有過多的陽性能量流動，經年累月下來，其陰性能量會「乾涸」掉；相反的，也有許多人為了適應陰性的合作和能量流動方式，而害怕展現他們內在核心的陽性本質所帶來的後果，而與自己的生命目標割裂開來，壓抑了他們深層的內在本源。正是因為這樣，現在才會有那麼多男人抱怨自己的女人讓他們感到洩氣，也才會有那麼多女人抱怨她們的男人軟骨頭。

特別要注意的是，**當你否定了真我，你也是在否定真誠的愛的可能性**。愛是開放的，是徹徹底底的，真正的靈修，其實就是在實踐愛、實踐開放。

人要是否定自己的本質、隱藏自己真正的慾望，這會產生分裂，令他無法放鬆地進入愛的開放性並融入其中，他的心靈會變得麻痺扭曲，無法感受到內在核心自然散發的輕鬆舒暢與不受約束的力量，相反的，他會感到受威脅與恐懼。這分恐懼感正是他無法放開心懷去愛的原因——即便他可能有一段穩定的親密關係，也建立了一番成功的事業，但是他在精神上其實是有所殘缺的，他的心靈受窒礙了。

因此，儘管我們在人身自由、性別平等和社會權利方面已經取得很大的進步，但我們的心靈卻仍感受到挫敗和恐懼。這其實是因為我們為了促進個體自主性與社會公平，出於好意卻自以為是地否定、消弭及淡化陽性和陰性之間的差異，這導致許多人否定了深層本源之性本質的核心慾望。**現今有許多人認定自己擁有平衡的性本質，然而，其實大部分的人只是壓抑了內在核心真正的陽性或陰性慾望**。

如果你想要真誠地面對自己的生命，承認真我是非常重要的事情。《陽剛與陰柔：觸及男人靈魂深處的經典，也讓女人感到終於被理解！》要引領你去關注的，正是那些我們往往選擇迴避或否認的事情。

打個比方來說，如果你真的擁有平衡的性特質，你的注意力應該不太會受到一些特別族群的吸引；然而，假如你是一個擁有真正陽性本質的異性戀男性，你會多多少少被在辦公室或街上所遇到的女性所吸引，不論是已婚婦女或妙齡少女——只要她們散發陰性光芒，你就能感受到那股吸引力。所以，你該怎麼做才能將這股潛在的性問題轉為靈性的饋贈呢？

假如你擁有陽剛的性本質，那麼你可能會坦白承認（如果你夠坦誠的話）親密關係對你來說不比你生命當中的「使命」重要——然而，你仍然會期盼擁有一段圓滿又充滿活力的親密關係，甚至是十分渴望。你該如何應對這種經常遭到誤解、十分進退兩難的窘境呢？

為了盡可能明確回答這類問題，我把這本書的讀者設定成是擁有陽性本質、最常見的那一類人，也就是具陽剛性本質的異性戀男性。然而，正如我說過的，這個世界有各種性別、本質和性向偏好的關係組合，不論是一位擁有陽剛性本質的女異性戀者嫁給一名擁有陰柔性本質的男性，還是陽剛性本質的男同性戀者和一位擁有陰柔性本質的男性結婚，本書中的原則仍有可能適用。如果讀者的情況有別於本書目標讀者群——最常見的類型，我相信他或她會依自身的情況去做最適當的調整。

我本來打算將書名命名為「擁有陽性本質的好男人之道」，但我希望能以這本書來解釋異性戀、雙性戀和同性戀關係中的「他」、「她」，以及「陽性本質」、「陰性本質」、「平衡本質」的所有組合，這樣一來，這個書名就會讓事情變得更加難以解釋。最後，我決定簡單點，由你來自行替換書中的兩性。如果你或另一半擁有陽剛的性本質——不論你們的身體構造、性別或性向如何——這本書都能幫助你釐清自己的生命，進而讓你在自身、工作、性愛和靈性上都能奉獻出你最深刻的天賦才能。

《陽剛與陰柔：觸及男人靈魂深處的經典，也讓女人感到終於被理解！》是專為那些尊重其他性別和性向的人，並認同男女在社會、經濟和政治上應享有平等權利的人所寫的。

現在，我們要邁入下一個階段了：在相互尊重和平等的基礎上，我們還要頌揚彼此本身陽性／陰性所蘊涵的性愛與靈性激情。

現在，是時候讓那些在性愛勇猛卻沒有感情的大男人混蛋進化了，也是時候讓那些敏感、感情豐富、懂得關懷卻沒有勇氣的軟弱男進化了。情感與勇氣應該要在一個男性中結合，讓他可以全然放鬆並徹底地徜徉在當下的無限開放裡，這樣一來，他才可能在愛與意識中有最圓滿的表達和展現。當然，這一步需要截然不同的膽識，這正是所謂的——

超凡男子漢！

Part 1

男人之道

你的恐懼是一面明鏡，清晰地界定了你的自我。

與恐懼同行，在極限邊緣中且戰且走，才能讓真正的轉變誕生。

1 「現在」就去做你認為非做不可的事

許多男人總是錯誤的以為，事情終有完美解決的一天。他們以為：「只要我賣力工作，總有一天能休息享福。」或者是：「終有一天，我的女人會想通而停止抱怨。」又或者是：「唯有現在做這些事情，哪一天我才能做自己想做的事。」

他們抱持的錯誤是，以為終有一天事情會徹底改變。不會的，事情永遠沒完沒了，只要你還有一口氣在，創造性挑戰就是在你與當下折騰、玩耍、相愛的同時給予你獨特的生命禮物。

事情永遠都不會結束，所以，請不要再坐等好事自動降臨了。從現在開始，你每天至少要給自己一個小時的時間去做你一直等著要做的事——那些原本你打算等到財務狀況更穩定、等孩子們長大離家獨立了，或是等你已經完成應盡的義務而獲得自由時，才去做的事情。

別再等了！不要再相信「總有一天事情會有所不同」的神話！現在就去做你愛做的事，現在就去做你等著要做的事，現在就去做你生來就要去做的事……就是現在！

儘管你看似讓日常的許多責任所束縛、侷限，每天還是要給自己至少一個小時的時間，去做你喜歡的事情；我指的是，那些你內心深處一直覺得需要去做的事情。不過，我得先給你個警告：你或許會因此發現自己其實不想做這件事，又或者沒辦法做到——那是因為你對**未來所抱持的美好想像僅停留在空想。**

就大部分的情況來說，一個人遲遲未能採取行動的原因，多半來自缺乏創造性紀律。財務吃緊和家庭責任從來都無法阻止一個男人去做他真正想做的事情——儘管對於一個不願意接受創造性挑戰的男人來說，他的確會拿這些當理由搪塞。

今天，就來好好看看你是否願意不顧一切地去做需要完全奉獻自己天賦才能的事情。第一步就是，無論你想做什麼，你都要給自己最少一小時的時間，傾注你所有的天賦才能，如此一來，當你今晚上床睡覺時，你會知道自己這一天已經盡全力揮灑自己所有的勇氣，更具創造力，也付出更多了。

除了相信「總有一天事情會有所不同」的神話之外，你或許還會相信甚至希望：有一天你的女人會徹底改變。別再空等了！

現在，請你假設她就是這個樣子，而且永遠都不會改變：如果你真的無法忍受她的行為或情緒，你應該要離開她，別再回頭（因為你無法改變她）。然而，要是她的行為或情緒只是不對你的味，或者只是讓你覺得有些麻煩而已，那麼你得要明白，她就是這個樣子：從男性的角度來看，女性總是既混亂又複雜的。

下次，當你發覺你的女人又＿＿＿＿＿＿（請自行填空），而你又試圖想矯正她，要她別那麼＿＿＿＿＿＿（無論你剛才寫了什麼）的時候，請放輕鬆，接著，請你摸摸她並告訴她，你就是愛她＿＿＿＿＿＿（無論你剛才寫了什麼）。你可以擁抱她，也可以

儘管你看似讓日常的許多責任所束縛、侷限，每天還是要給自己至少一個小時的時間，去做你喜歡的事情。

鬧著玩兒般的與她扭打、尖叫高喊，但是——請不要白費力氣去改動她那些讓你不爽的事。

請試著去實踐愛，而非一直試圖終結她讓你困擾的特質。**與另一半較勁的情況是無法避免的！**請你試著從她似乎十分享受的、沒完沒了的情緒劇裡挖掘出當中的幽默之處；與其無濟於事地嘗試去修正你的女人並面對隨之而來的挫敗感，**加倍付出的愛反而更可能調整她的行為。**

這個世界，以及你的女人，會不斷帶給你出乎意料的挑戰。你若不是選擇好好去生活，在這些挑戰中獻上你的天賦才能——甚至現在就好好這樣活出完滿；要不，就是繼續等待永遠不會實現的想像未來。

那些活出精采且充滿意義的生命的男人，是從來不等待的，他們不會等待金錢、安全感、悠閒，或者是女人。請捫心自問：你最想奉獻出什麼樣的贈禮（Gift這個詞在本書有雙關意義，同時有天賦和禮物的涵義，在書中視情況譯做「天賦才能」、「才華」、「天賦」、「贈禮」、「禮物」等）給你的女人和這個世界呢？然後，今天就盡你所能地把這份禮物送出去吧！你在等待的每一分、每一秒，都是浪費，而每一個你浪費掉的時刻，都會讓你愈來愈看不清楚自己的生命目標。

請試著去實踐愛，而非一直試圖終結她讓你困擾的特質。

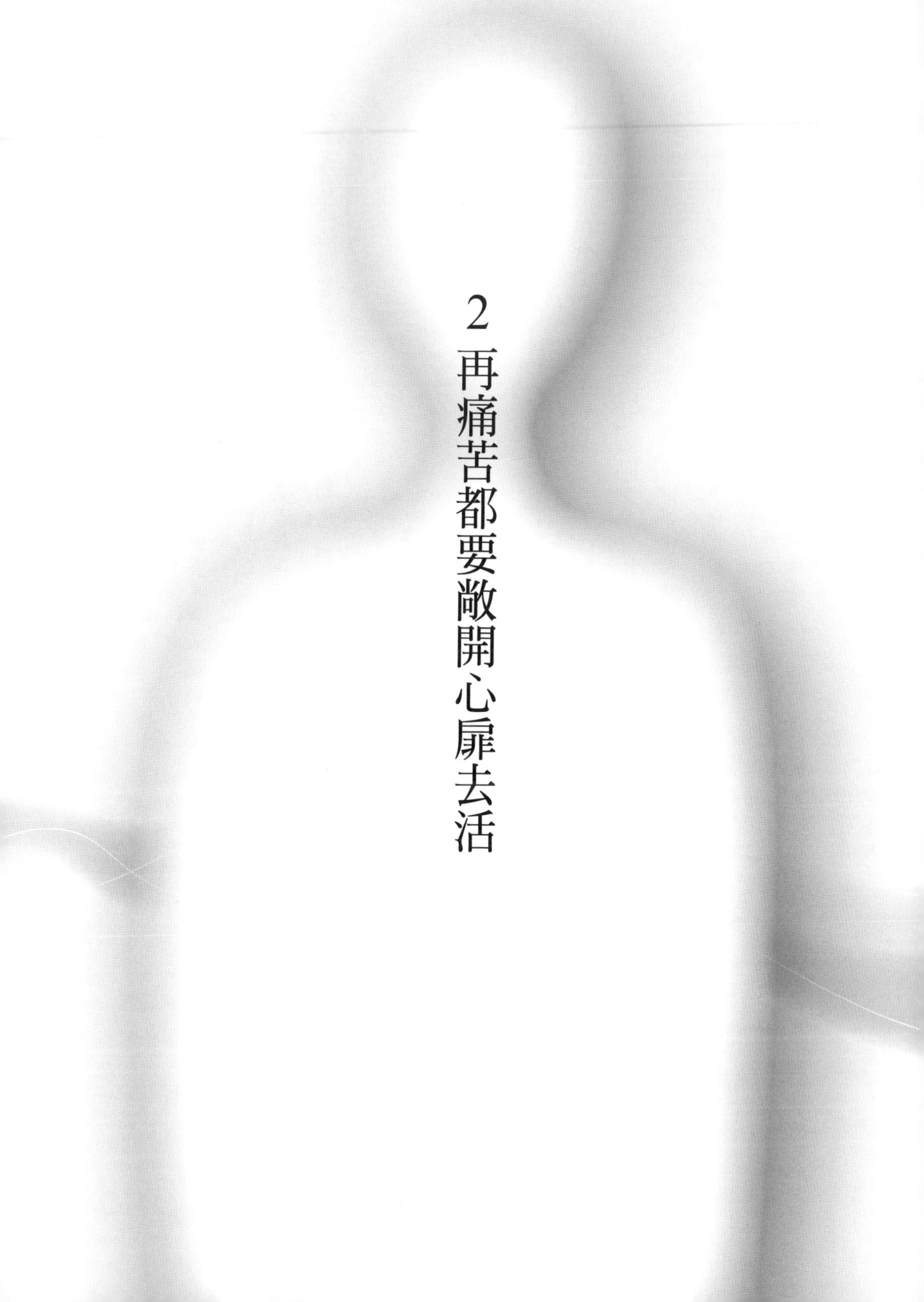

2 再痛苦都要敞開心扉去活

在痛苦中封閉自己，是對陽性真實本質的否定，而陽性核心男子漢在感情和行動裡則是自由自在的。

即使在巨大的痛苦和傷痛中，若有必要，男人應該是要懷抱著受傷的心前行，而非封閉起心房來。

男人應該要學會待在創傷裡與痛苦共存，就算在傷痛當中，也仍然能夠以率真自然的機智並懷抱著愛來行動。

請你試著去想像一個畫面：比如說，你工作上的重大計畫失敗了、謊言被另一半戳破，又或者你在無意間聽到另一半向別人吐槽你在床上的表現……

此時此刻，你的身體、呼吸和眼睛會有什麼反應？

在面對帶給你傷害的人或情境時，你是否會想要退縮、躲藏或封閉自己？

你是否好幾次發現自己難以直視他人的眼睛？

又或者在某些特定的時刻裡，你會感覺到胸口和太陽神經叢（七脈輪之一，位於肚臍的區域）繃得很緊？

這些，全都是面對傷害時不熟練的笨拙反應。

你退縮了、封閉自我了，這會使你無法行動——你陷入自我保護的緊張困境中，不再是個自由的人。

身為一位陽性核心男子漢，在這個條件反射的自我封閉狀態裡，通常也正好是你練習「敞開」的好時機——

此時，請先試著打開你身體的正面，這麼做能夠幫助你放鬆緊縮的胸膛和繃緊的太陽神經叢。

不論你現在是坐著或站著，都要記得挺起身子，打開你身體正面，讓你的胸膛和腹部放鬆、柔軟。

如此一來，開闊且自由的感覺便會油然而生。

接著，請試著深呼吸，讓空氣藉由鼻腔進入體內，經由胸部和太陽神經叢，深達你的腹部。

然後，不管你當下面對的人是誰，都要直視對方的雙眼，去感受自己的痛苦，也感受對方的存在。

只有當你的身體正面是敞開且放鬆的、你的呼吸是深沉且飽滿的、而且你的雙眼也能夠毫無防備地與他人的眼神接觸時，你最完滿的智慧才能夠在那樣的情境裡自然而然地展現出來。

退縮和封閉自我會讓你無法行動，讓你深陷自我保護的緊張困境而不再自由。

身為一個陽性核心男子漢，你必須在一段關係裡做一名無所畏懼的武士，你必須用全部的身體去感受整體情勢。

封閉的身心是無法感知細微的線索和訊號的，你會因而無法在這那樣的處境當中掌控局面、游刃有餘。

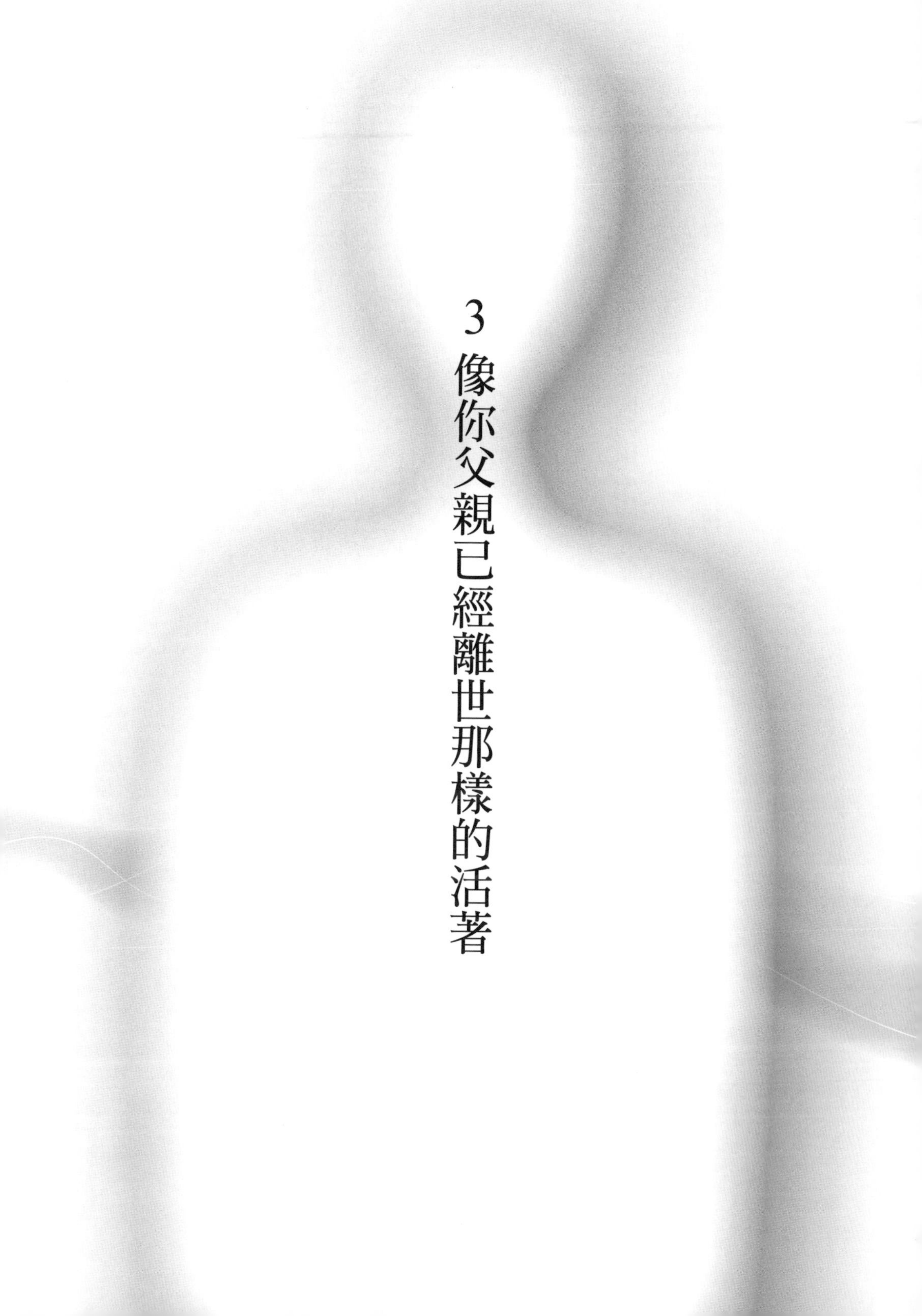

3 像你父親已經離世那樣的活著

陽性男人會敬愛他的父親，可是他也知道——自己必須擺脫父親期望和批評的束縛，才算是一個真正自由的人。

請想像你已經沒了父親，或者回憶他過世的時候——對於他的離世，你是否感到有些解脫？他不在了，某部分的你是否因為自己不必再符合他對你的期望、不必再承受他對著你指指點點而感到有些鬆一口氣，甚至是有一點高興？

要是你從未嘗試拚命去贏得父親的讚賞，是否會擁有不一樣的人生？假如你不曾試著向他證明自己的價值？又假如你從未被他批判的眼神壓得喘不過氣來的話呢？

在接下來的三天，請每天都要至少做一件你因為受到父親的影響，而避開或壓抑自己不去做的事情。這樣的練習，是為了讓你學習掙脫父親細微期望對你的束縛——**它們也許已經深植在你對自我的判斷之中許久了。**

請用這個方法去練習，連續三天，每天一次，也許你在面對父親的期望時，仍會感到恐懼和受限、覺得自己一文不值或背負著重擔，但這能夠讓你練習「自由」。

在接下來的三天，每天至少做一件你因為受父親的影響，而避開或壓抑自己不去做的事，讓自己練習「自由」。

4 認清你真正的極限，別裝腔作勢

一個男人勇於承認自己的恐懼、抗拒和能力極限邊緣，是很值得光榮的。每個人都有自己的極限，成長的潛力和命運也不一樣，這是事實；但若他對自己的處境自欺欺人，那就十分不可取了。一個男人不需要裝得比實際上更有智慧，也不應該因為看到自己的極限邊緣而退縮不前。

當一個男人愈是懂得在他的極限邊緣展現他真正的優勢與能力，對其他人來說，他就是一個極具價值的好夥伴，也更值得信任。這樣的男人是真誠的，他帶著覺知地活在當下，完全散發出自己的存在感。

一個男人能夠實在地活在真我的極限邊緣上，而不是惺惺作態或以能力為藉口而怠惰，比起他的極限到底是什麼，來得更加重要。

試著選擇你生活中的一個面向——諸如親密關係、職涯發展、親子關係或你的靈性修行——來思考一下。比方說，你為了生計而從事某種工作，恐懼是否阻止你為人類做出更偉大的貢獻、讓你拒絕賺取更高的報酬，或者不讓你以更具創意和更喜歡的方式去掙錢糊口呢？要是你無所畏懼，你還會選擇現在這份工作嗎？你的極限邊緣，就是你裹足不前之處，或是你妥協而無法充分發揮真正天賦並反過來助長你的恐懼之處。

你「擺脫了」那主宰並侷限住你的收入和謀生方式的恐懼嗎？如果你告訴自己說你沒在怕，

你就是在欺騙自己。所有人都會恐懼，只有真正的自由之人才能夠無所畏懼；如果你不承認這一點，你就只是在自欺欺人。即便你不把恐懼表現出來，你的朋友還是感受得到，他們會漸漸地不再信任你——因為他們發現你會對自己說謊，所以認為你也可能會欺騙他們，不管那是有意的，還是無意的。

或許你非常清楚自己的恐懼：你害怕冒險、害怕失敗，也害怕成功。或許你很滿意現在的生活，擔心改變生活方式可能會帶來事業上的變化——儘管這個新事業或許能夠引領你觸及你真正想要做的事。

有些男人害怕恐懼的感覺，因而不願意去靠近自己的極限邊緣。他們寧願從事自己擅長且能輕鬆應付的事情，而不肯嘗試去充分揮灑自身的天賦、實現生命的真正使命。他們的生活相對來說比較安逸和舒適，卻也像一條死魚那般失去了生氣；相較於那些活在極限邊緣發揮真正實力的人，這樣的男人缺乏活力和深度，也少了一分激勵人心的力量。

如果你正是這種有所保留的男人，或許你自認勤奮努力，但這還不是你真正的能耐，其他人也無法相信你能夠幫助他們充分發揮天賦與才能。

我們可以做個簡單的實驗，請大聲地說出你在事業上遇到的侷限。比方說：「我知道自己可以掙更多的錢，但我懶得多投入幾小時去加班。」「我知道我的能耐不只如此，但我害怕自己無法成功，到時將落得一文不值。」「這份工作我已經幹了十五年了，我不敢捨棄這一切從頭再來過，儘管我知道自己已經花了太多時間做自己根本沒興趣的事。」「我可以用更有創意的方式賺錢，但我花太多時間看電視，而不是去思考如何實現這些創意。」

敬你的極限邊緣，敬你的選擇，你必須要真誠地面對這些，同時也坦然地對朋友承認。**心懷恐懼之人，比不知道自己心懷畏懼的人更值得信任。**

一個心懷恐懼卻仍活在自己的極限邊緣，並且在那裡展現自己所有天賦才能的人，比起一個退縮在舒適圈、不願意在生活中體驗恐懼的可怕之處的人，更值得信賴，也更加鼓舞人心。

一個真正自由的男人，會坦然承認他的恐懼，絕不隱藏，也不會躲避。

從現在起，將你的唇貼近你的恐懼，親吻它，你不需要暴烈地抵抗，只需這樣實在地活著。

敬你的極限邊緣，敬你的選擇，你必須要真誠地面對這些，同時也坦然地對朋友承認。

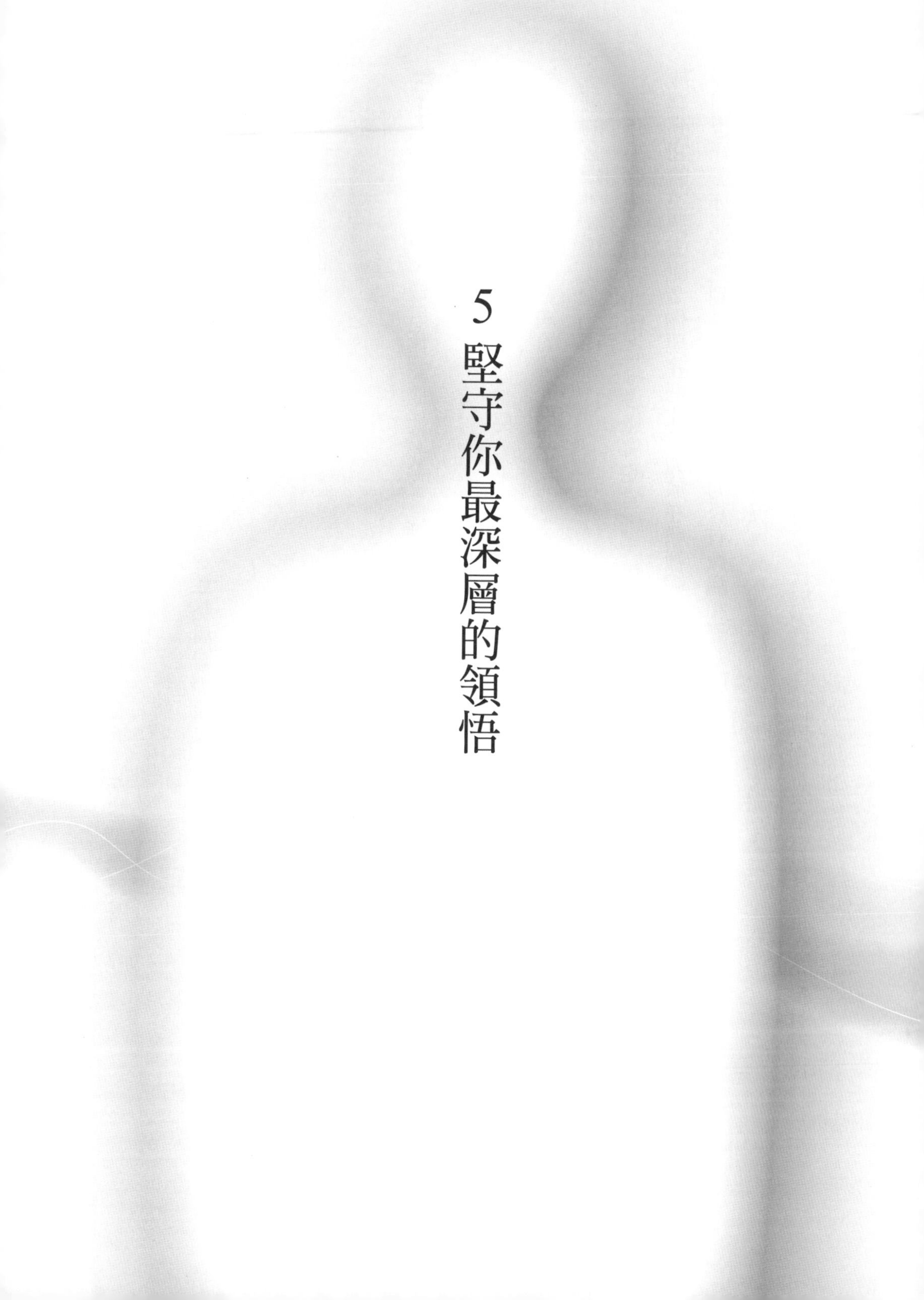

5 堅守你最深層的領悟

永恆，永遠是一個男人的歸處。沒有它，他會迷失自我，而不斷汲汲營營於一縷輕煙（指追求的只是轉瞬泡影）。

陽性核心男子漢會盡其所有可能去探看並穩固對那永恆的真實的領悟，並以之為中心去展開他的生命。

請在你最深層、最自在的存在層次下，讓生命成為你做回真我的持續過程，除此之外，一切都是次要的。

你的工作、你的孩子、你的另一半、你的金錢、你的個人創作，以及你的興趣，要是它們都不是漂浮在你充滿覺知的關愛深海上的話，便都是膚淺、空洞且虛幻的——都不過是你膚淺又空洞的喜好。

今天你花多少時間留意身邊無常的變化，包括事件、人、思想和經驗？你的注意力多久會放鬆到它的本源去呢？你現在把注意力放在哪裡呢？你知道它背後的本質是什麼嗎？哪怕只有一瞬間也好，你能感受到是什麼讓你注意力具有意識和覺知嗎？你是否能感覺到注意力最深刻的本質？當你簡單且不費吹灰之力地讓注意力沉入其本源時，會發生什麼呢？

這個本源是永遠不會改變，也總是顯現存在於當下。它是生命樂章背後，恆久不變且瀰漫所有音符的無聲音調。

請盡可能地深入感受這個本源，然後再重新檢視、處理你的工作、親密關係、家庭和創造性努力。你的錢財也要從這個本源而來，當你開始常以這真實的真我展開生活時，仔細觀察生命的細節會發生哪些變化。

你可以使用一些輔助方法，來幫助自己以更放鬆的方式去融入這個本源，並且從中進行你的創造性努力。閱讀一些能幫助你認識真我的書籍，多花時間和那些能啟發你並反映出你本源的人在一起。此外，你也可以天天靜觀、冥想或祈禱，來助自己沉入本源之中。

如果你跟大部分的男人一樣，光是汲汲營營於面對日常生活當中的各種事件和任務，就幾乎要分身乏術了，那麼這些年來，隨著日子一天天飛逝，生命也從你的指間溜走。

你一直專注在那看似充滿著各種責任的世界裡，然而，假使你所盡的這些責任並無法表達自己最深層的存在和真實內心，那麼這一切都沒有意義。

去體悟那永恆，無論要付出何等代價。並從存在的深處，活出你生命的細節。

相反的，要是你以優先處理事務為由，而推延了深入本源的過程，你將會把自己的大好生命浪費在雜務之間，庸庸碌碌地消逝。**只有當你在那比生命更重要的本源上打好基礎，你才能夠心懷幽默地笑看人生，領悟到所承擔的每一項任務和責任都不過只是「看似必須」的海市蜃樓。**

就算你正在進行的只是一些再瑣碎不過的小事——比方說看電視或打掃廚房，也

要是我們盡了日常生活的責任卻無法表達自己最深層的存在和真實內心，這一切都沒有意義。

要去感受你之所以是你的真我到底是什麼。去感受那無限的覺察，在那樣的覺察當中，每個時刻都在生滅。

當你用那最深層的覺知來面對生命中的每一個時刻，所有的時刻都會變得超乎想像的清晰、完整又幽默。從今以後，無論發生任何改變，都將改變不了那個唯一（the One），其實那也是你的真我。

6 別只為了取悅伴侶而改變心意

如果一個女人提出的建議足以改變男人的看法，那麼他應該以新的看法去做出新的決定。

然而，男人不該單單只為了取悅一個女人或「附和」她，而背叛了自己最深層的認知和直覺。

這樣的改變只會削弱彼此，讓兩人開始互相憎恨，也影響了對一份感情的真實感。

如此日積月累下來，這樣的不真誠會壓垮他們的愛，也限制了彼此自由行動的能力。

你應該經常傾聽你的女人，然後自己做決定。如果你的內心深處告訴你另一個決定更為明智，但你最終卻選擇順從她的建議，那麼，你實際上就是在告訴自己：「我不相信自己的智慧。」

這會使你變得軟弱，同時，你也削弱了她對你的信任——連你都不相信自己的智慧了，憑什麼要她相信你？

當你為了取悅女人而否定內在深層本源的真實聲音時，所有人都會覺得你不夠真誠，就算你用虛偽的笑容來掩飾自己內在的分裂，他們依然察覺得到。

你的朋友、孩子和同事或許會敬愛你，卻無法相信你——畢竟你自己都不相信你內在的核心意向了，不是嗎？

更糟糕的是，這份不真誠感會連累到你行事作風的明確度——你的行動會和你的內在產生不一致。

然而，若你好好傾聽你的女人，把她的話納入考量，再憑自己做出最好的決定，那麼你的行動和你的內在就會一致。

這樣做，你實際上是在告訴自己：

「這是根據我最深層的智慧而做出的決定。要是錯了，我會從中記取教訓，我也會因而增長智慧。我願意犯錯，並從中成長，因為我信任這源於深層智慧的行動過程。」

這種自我信任的態度，也會讓他人對你報以信任。

也許不久之後，你會發現自己是錯的，但你願意找出錯誤並從經驗中學習——**你願意聆聽他人的聲音，然而最終，你還是要為你所下的任何決定承擔責任。沒有人是讓你來埋怨的。**

然而，一旦你放棄了自己的真正決定，轉而去附和你的女人，後來又發現她原來是錯的時候，你便會因此責怪她、埋怨她；而如果事實證明她是對的，你又會感覺到自己失去了權力、地位，因為你已經失去了從自己內在核心付出行動和從錯誤中學習成長的機會。

你應該經常傾聽你的女人，然後自己做出最好的決定。

請敞開自己，依據你的女人試著用言語或肢體動作向你透露的訊息去改變自己的感受，然後再根據你最深層的直覺智慧和知識，做出你自己的決定。

你的決定可能或對或錯，但無論後果如何，那都是你所做出最好的決定，而你未來的行動能力也會因而更加壯大。

7 你的生命目標比感情關係更重要

每個更偏陽性的男人都知道，無論一段感情有多麼珍貴，他的人生目標都不能歸結於任何特定關係。如果一個男人把親密關係看得比人生目標更重要，他便削弱了自己，也危害了宇宙，甚至欺騙了他的女人，因為他讓她誤以為——這個男人可以為她獻上他完整、不分裂的當下存在。

你得承認，如果要在一段完美的親密關係或成就此生最高目標中選擇一個，你會選擇後者。光是有了這個自我覺悟，一個男人就會感覺鬆了一大口氣，因為他終於理解到：他以為自己應該把愛情放在首位，但這其實並不是他最最重視的事。

完成使命是你最優先的要務。除非你清楚自己的使命，並且用生命去成就它，否則你的內在最深處會感到空虛。你在這個世界的存在會因此而顯得薄弱，你與另一半的存在亦是如此。下次當你發現自己又「讓步」了——為了與你的女人共度而延後實現你的使命、否定你真正的目標，請打住。請告訴她你很愛她，但你不能違背內心的目標；告訴她你會在一段時間當中（比方說三十分鐘或其他具體時間）完完全全地專注於她，但之後你必須繼續去實踐你的使命。

完全專注地與另一半在一起、付出令人陶醉的三十分鐘，遠勝過你心不在焉地敷衍她好幾個小時。與另一半共度的時光，應該是除了與對方共度之外沒有其他更想要去做的真心相處；如果在一起時，你心裡其實寧願去做其他事情，她會感受得到，而你們雙方都不會開心。

8 稍稍突破自己的極限邊緣

無論何時，當男人稍稍超越他的極限邊緣、能力及恐懼，他將會獲得最佳的成長，更上一層樓。

好吃懶做、安於現狀固然不可取，但也不該過分逞能，讓自己承受不必要的壓力，以至於無法讓經驗成為成長的養料。

無論做什麼事情，男人都要經常讓自己挑戰自己的恐懼和不安，稍稍跨越出自己的舒適圈。

當你能誠實地正視自己真正的極限後，最好還要可以稍稍跨越極限的邊緣，只可惜有膽量這麼做的男人很少。大多數男人若不是安於坦途，就是選擇一條極為崎嶇艱難的路去走——為了自我炫耀。

其中的主要原因是，不安全感會使人懷疑自己，所以你會選擇比較好走的路，甚至使你不敢接近自己的極限邊緣，無法發揮自己的天賦才能。

同時，不安全感也可能會讓你不停地推、推、推——不停鞭策自己，試圖透過逞強稱能來戰勝內心的若有所失。

這兩種方法一樣都是在迴避當下的真實處境——**這個真實處境，往往正是你的恐懼**。然而，一味的拚命逃避恐懼，你無法放鬆而無懼。

你的恐懼是一面明鏡，清晰地界定了你的自我。

你要正視它，你應該持續地感受它的存在。

你要把恐懼感變成你的朋友，如此你才不會對它感到不安。事實上，這種原始的恐懼反而表示你正走在自己的極限邊緣。

與恐懼同行，在極限邊緣中且戰且走，才能讓真正的轉變誕生。不要懶惰，也不要過分逞能。在你的極限邊緣上好好發揮，能讓你在最少的失真感下覺知當下、看清楚現實。

你必須願意與當下同在，不是抽身逃離，也不是意圖跨過它而去追逐未來某個目標——這兩者都是在逃避當下。

害怕恐懼，可能會使你退縮，導致你活得比原本所能夠活出的生命更加渺小；害怕恐懼，也可能使你走過頭，偏離核心，過度緊張，並且錯過當下。去感受當下的這一刻，包括你的恐懼，而不是嘗試抵抗或逃避，如此你才能從深處油然生起一種不卑不亢的自在心態。

這樣的男人已經準備好去迎接未知，既不退縮，也不是想跳過當下此刻，這就是遊走在極限邊緣的竅門。

稍稍跨越恐懼，以寬容的慈悲去挑戰你的極限，而不是逃避恐懼的感覺。你帶著敞開的心靈，跨越安全的舒適圈。你站在那未知的領域，感受著真實、原始和強烈的覺醒。

你得願意與當下同在，不是抽身逃離，也不是意圖跨過它去，追逐未來某個目標——這兩者都是在逃避當下。

這份深層存在的力量，將會帶你到恐懼已無用武之地的唯一去處：你將會沉墜入自由的永恆，並永遠處身在那裡。

從現在開始，在生命的所有層面之上，坦然面對你的恐懼，然後稍稍跨越它吧！

9 為愛奉獻你的存在

一個男人深入世界的方式，亦為他深入女人的方式：

那不只是為了個人利益或歡愉，而是為了讓愛、生命的開放性和深度得以拓展、擴張。

下次當你擁抱你的女人做愛時，請試著感受一下自己的最終極慾望，那是你生命裡最深層的渴望。

感受你會在生命中做任何一件事情背後的原因，特別是你為什麼與你的愛人結合。當中或許有許多重要的原因，但最深層、最終極的原因是什麼呢？

大部分男人所作所為的終極原因，都是為了尋找最深層的意義、追尋全然的自由和愛，以及充分奉獻他們最完整的天賦才能。

然而，也有許多男人會選擇退而求其次，僅滿足於享受那一點點的自由與愛，不願完全發揮自己的天賦。好比說，享受買一臺還不賴的轎車的自由、享受充滿愛的和諧性生活，星期六還能睡到自然醒。又好比說，慷慨地捐款給慈善機構，為心愛的女人買顆鑽戒，也樂於擔任一支業餘球隊的教練。

這些的確都是值得愉悅的自由和真實才華，足以讓生命大大不同，然而對許多男人來說，這樣還是不夠的。

他們獲得自由和愛，以及他們發揮才華的方式，往往帶給他們一種失落感，感覺似乎仍欠缺了些什麼。

他們仍有慾望想要更進一步解放自我，期待能享受沒有一絲絲束縛、孤獨、緊張和恐懼的生命。有許多男人覺得自己已經努力嘗試了，卻仍然感覺到沒能夠完全發揮自己的天賦，並因而感到生命的核心虛幻不踏實，就連在性愛方面也一樣。

當一個男人為他的女人奉獻性愛的天賦才能時，他深入她，令她綻放、閃閃發光，讓她跨越所有限制，沉醉融入在滿滿的愛裡——這也正是男人對待這個世界的方式。要令你的女人和這個世界綻放、散發光芒，都需要你內心真誠、堅持不懈的勇氣。男人必須意識到自己內在核心的本源，並願意毫無保留地奉獻出完整的自己和天賦才能——無論是性愛或生命，都以他真我的天賦才能來深入女人和世界，去拓展愛。

很可惜的是，這樣的男人少如鳳毛麟角。

有許多男人只願意用些平庸的方式取悅他的女人，讓她稍微綻放一下光采，在重複隔日的例行公事之前，與她分享幾次高潮和一些彼此關係羈絆中的感動時刻；有許多人男人只願意以平庸的方式在世界裡努力努力一下，讓它綻放一下光采，賺個幾塊錢，也做出一點貢獻，好讓自己覺得生命並被沒有白白浪費。

話說回來，真的很少有男人願意做真正的事，竭盡所能地去解放他們的女人和這個世界，以進入最深刻的真理、愛與開放當中；很少有男人願意在性與生命的每一刻推進當中，奉獻出他們最深刻的才華、真正的天賦與他們整個存在的詩意。

大部分的男人因疑惑和不確定而變得軟弱無力，又或者因為恐懼而抑制真我的慾望，於是他們拿不出自己的真心誠意，只能哄哄他們的女人和這個世界，為的是從中獲得一些所需的歡愉和安慰，來稍稍緩和令他們不安的虛偽和缺憾。

然而，只要你願意去深入發掘並擁抱真我，試著貼近、並稍稍突破自己的恐懼，毫無保留地奉獻出你的一切，你就可以從存在核心去深入世界和你的女人，使他們綻放、發光，融入毫無界限的愛裡。你的女人會因而深深沉醉著迷，而她的徹底臣服會把你的心溶解成光；**這個世界會被你注入永恆的愛，它會因而開放，張開雙手迎納你所奉獻最真實深邃的天賦才能。**

進入女性的陰性之心與徹底地融入這個世界，在本質上的差異並不大。這兩種交融，都講求敏感、率真主動，以及與深刻內在本源的緊密連繫，如此才能穿越紛擾與封閉，讓愛自由的瀰漫流動。

女性和這個世界，都是不可預測而難以捉摸的。往往看似在抗拒你的奉獻付出，亦常常考驗著你堅持下去的耐力。

不過，對於你從容的關懷呵護所流露出的真摯、你幽默中所展現出的自由，以及所傾注堅定不移的愛，你的女人和這個世界肯定會給予溫柔的回應，在愛裡敞開，完全接受你的一切——不過，在稍後的日子和時刻裡，她們還是會再次抗拒和考驗你的啦！

你別妄想自己能夠揣度或哄騙女人和世界，她們總是會察覺你是否在敷衍了事，因為她們想要接納完整的你。

要面對女人和這個世界，而不犧牲你的真我天賦，也不浪費你源自深層存在的力量，有兩種方法。

第一種，是遠離她和這個世界——放棄性愛的親密關係並遺世獨立，全心全意投入你所選擇的道路，不被女人和這個世界似乎無休止的需求所干擾。

第二種，則是奉獻你真我的天賦才能、用你最狂熱的愛去深入你的女人和這個世界，使其狂喜沉醉——就算她們常常帶來爭執。你必須在對立和臣服的衝突之中，提煉出你真摯的才能，在深層存在的自由裡拓展愛，扛起那無以迴避的喜悅與痛苦、獲得與失去、吸引與抗拒。在那之後，你的身心會在極樂中消融，不再有任何天賦沒被發揮出來。存在的深度並沒有界限；你與女性和世界交融所帶來的，將只有開放、自由和愛。

如果你不打算遠離你的女人和世界，最好一往直前，發自核心深處、用你堅定不移的天賦才能，去熱情地融化她們、令她們綻放發光。

若你只是畏首畏尾地進入，以滿足自己的需要，你的女人和世界都會感覺到你缺乏奉獻精神、深度和真我，如此一來，你的女人和世界就不會懷著愛向你臣服，反而會讓你分神、吸噬你的能量，把你拖進沒完沒了的紛擾，讓你的生命和感情世界光是要想辦法掙脫枷鎖就夠忙了。

進入女性的陰性之心與徹底地融入這個世界，都講求敏感、率真主動，以及與深刻內在本源的緊密連繫。

你當然可以選擇離群索居，遠離女人和這個世界。然而，若你選擇要進入這個世界和你的女人，為了不讓自己覺得被束縛，你只能毫無保留地完全獻身付出，在共赴雲雨時自由自在，無時無刻不融入在愛的開放當中。

如此赴湯蹈火，是成為陽性男子漢的必經之路。

10 勇於接納好哥們的刺耳批評

一個男人若能夠坦然承受另一個男人的直言勸誡，表示他更能承受陽性的力量。

如果一個男人無法和陽性能量（比方說他的父親）維持良好關係，那麼當他面對其他男人的批評時，只會更容易感到受傷、防衛性自辯，而無法好好利用這些批評和告誡。

每個星期一次，你應該要跟你最親密的好哥們聚一聚，坐下來聊聊彼此生命當中正在做些什麼，害怕做些什麼。

你和哥兒們之間的談話最好能夠簡短而明瞭，你應該向他們說明自己目前的處境，接著，你真正的好兄弟應該會提供你一些行為試驗：**建議你做一些事情來讓你有所覺悟，或是為你的生命帶來更多的自由**。

比方說，當你告訴對方說：「我想跟丹妮絲發展婚外情，但我怕我老婆會發現，我不想傷害她。」

你的好哥們大概會這樣說，以挑戰你的平庸和猶豫不決：「你已經囉囉嗦嗦整整六個月了，你一直把你的生命能量浪費在這個幻想上。要嘛你就明天直接約她上床，要嘛就忘了她，別再提她了吧！」

「好吧，我知道自己不會這麼做。我明白自己並不想為了跟丹妮絲偷情而毀掉婚姻，這段婚姻比我對丹妮絲的慾望來得重要多了。我會放下，將心思專注在生命中更優先重要的事情上。謝啦！」

真正的好哥們應該會樂意助你一臂之力，去突破你的平庸，並提出具體可行的建議，讓你擺脫一些陳規舊習。如果你們彼此都想要成長的話，你對他們也應該要勇於坦誠相對、犯顏直諫。

朋友之間，不應該彼此容忍對方的平庸，當你正處於極限邊緣，他們應該尊重這樣的情況，但不會要你逃避責任。他們應當尊重你的恐懼，並懷著愛去鼓勵你超越恐懼，卻絕對不會逼迫你。

如果你只希望從好哥們那裡得到支持，而不是挑戰，這可能表示你跟你父親（無論他是否健在）之間還存在一些問題沒有解決。

父親的力量，往往代表著充滿關愛的挑戰和指導力量，若你的生命中缺少了這種陽性力量，你很可能會因為無人為你檢視方向而容易迷失，最後陷入混淆及猶豫不決的泥沼中。

所幸，你真正的好哥們，會用直率的友愛之光讓你看清生命的方向，使你不至於為了做個好好先生而畏首畏尾、有所保留。

請與那些身處極限、願意面對恐懼又稍稍越過它們的男性朋友來往，他們會關愛你，但也不會不讓你去面對生命的現實。

請與那些身處極限、願意面對恐懼又稍稍越過它們的男性朋友來往，他們會關愛你，但也不會不讓你去面對生命的現實。

你應該信任這樣的好哥們，他們會審視你的生命，提出具體的行動建議，幫助你釐清目前的處境，並且給予你所需要的支持，使你活在稍稍越過極限的自由當中——當然，忠言逆耳利於行，這些建言聽起來並不總是舒適的。

11 如果你還沒找到目標，現在就去發掘

當一個男人缺少自覺的人生目標，他會完全迷失、漂泊無根，他頂多只能順應時勢，而無法創造時勢。

不知道自己的人生目標是什麼，會讓一個男人活得怯懦且軟弱無力，在性愛方面最終可能會變得性無能，或者是讓性愛成為機械化或冷漠無趣的例行公式。

擁有目標或使命是你生命的核心所在。如果你想在世界上健全且連貫地行動，那麼你生命中的一切，小至飲食、大至事業，都應該與你的目標一致。

一旦你清楚自己生命當中的核心目標為何、清楚知道自己最深層的慾望，接下來，達到成功的祕密就是為你自己的生命定訂紀律，以實踐那最深層、最真實的核心目標，減少分心和繞圈子的機率。

要是你不清楚自己最深層的慾望，就無法安排生命與之一致。如此一來，你生命的一切事物，都將無法連接上你的內在核心。

比方說，你每天上班，但是它並未和你的內在核心連接，那麼它對你而言就只是一份混口飯吃的工作。

又比方說，你每天在家人與朋友之間轉來轉去，然而相處的每一刻卻都只不過是一連串時刻的一個瞬間，沒有什麼意義，也缺乏內在的深度。

一旦你與內在的核心割裂開來，你會感到虛弱和空虛。

此外，這份空虛感，不單會讓你很難在這個世界朝氣蓬勃，還會可能會導致你在床笫之間「站不起來」。

只要你清楚自己真正的目標，也就是生命最強烈的核心慾望，你的所作所為都將體現你的核心慾望。

在事業裡的每一個環節、在親密關係裡的每一時刻，你都將擁有源源不絕的內在核心能量去發揮。

你將不再只是在工作或感情中做著例行公事，而是無時無刻都活出生命的真諦、奉獻愛的贈禮。在這樣的生命當中，每一時、每一刻都是自我圓滿的。

陽性核心男子漢絕不會透過拚命工作或者是滿足他的女人來追求完滿——

> 一旦你清楚自己的目標、知道自己最深層的慾望，那麼，成功的祕密就是為生命定訂紀律，以實踐那最深層、最真實的目標，減少分心和繞圈子的機率。

因為他自身已經完滿了。

對他而言，工作和親密關係是他奉獻自己全部天賦才能的機會，並且在這樣完全付出的狂喜中溶解……

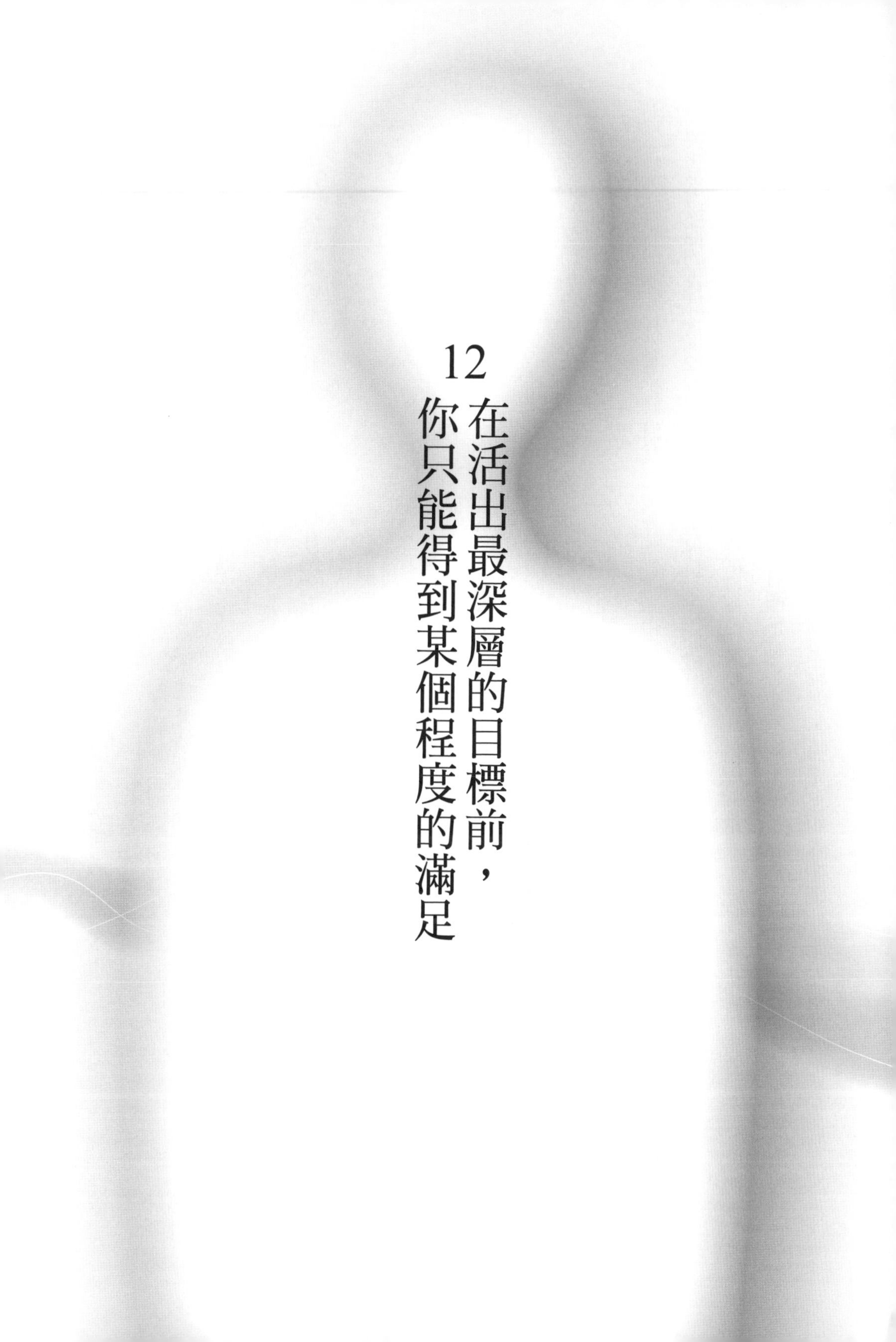

12 在活出最深層的目標前，你只能得到某個程度的滿足

男人應該準備好為了實踐目標而獻出自己的百分之百，去圓滿他的業，或者是化解它，然後放下特定的生存方式。

他要能夠進入生命某個未知的階段，即使不清楚該做什麼，還是能靜待一個願景或新目標出現；接著，在經過一段強力的具體行動週期之後，又會再進入一段不知道要做啥鬼事情的階段。像這樣剝開一層又一層的業，放鬆地融入真我當中，對男人來說是再自然不過的生命循環。

當你敞開自己，游走在極限邊緣活著，你內心最深層的目標會慢慢展現。此時，你將經歷一個階段又一個階段的不同目標，而且一次次愈來愈接近最深層目標的圓滿。那就好似生命最深層目標位於存在之圓的最核心，被一層一層的同心圓包圍住，每一個圓都是較次要的目標，至於生命，就是由外往內，突破一重又一重的圓，朝核心靠進。

外層的目標往往是承襲自父母或在童年習得的目標。假設你的父親是名消防隊員，你可能會想承接他的衣缽當消防員，或者為了反抗父親而成為一名縱火犯。總而言之，外層的圓——你生命中的早期目標（指非最核心的目標），通常只會和最深層的目標非常遙遠地呼應。

這其實就是說，假使你最深層的核心目標是冥想並認知上帝，在你完全投身於其中之前，你可能會先經歷人生各階段的同心圓：和伴侶嬉鬧玩樂、嗑藥、步入婚姻、養兒育女、發展事業……直到最後，當你對這些事情的執著和需要全都消解了，你才會全心全意地冥想以接近上帝。

隨著你突破重重的經驗，向中心靠進，你會愈來愈活出更深刻的目標，最後，無論你最深層的核心目標是什麼，你會時時刻刻為它而活著。或許，現在的你還沒有活在你最深層的目標裡，你可能正執著於眼前的目標，為了要去消解它的業或圓滿你對它的需求而分神，努力地掙扎著。

生命其實挺容易讓人失望的，成功所帶來的滿足與喜悅總低於你的預期。

然而，會有這股悵然若失的感受是有原因的，**成功地達成次要的目標所帶來的喜悅無法令你滿足太久，是因為這只是預備，好讓你前進去實現更接近核心的目標。**每一個目標，每一個使命，都只是讓你體驗到某個程度的滿足，然後它會變得空洞、無趣，甚至失去意義——這就是你應該將它們拋諸腦後的時候了。這是成長的徵兆，但你可能會將它誤認為失敗的訊號。

舉例來說，你可能已經打拼一個事業好幾年了，卻在突然之間徹底沒了興趣。儘管你明知道留下來再拼個幾年可能會獲得很大的金錢回報，但是這份事業已經不再吸引你，你也失去了最初的熱血幹勁。這些年來，你在這份事業中累積了許多經驗，但碩果未熟，你感到猶疑：你對這份事業感到空虛卻身懷相關技能——食之無味，棄之可惜，那麼要繼續等到事業有所成果嗎？

也許你應該堅持到底。你可能只是恐懼成功或失敗，想要擺脫或只是懶惰而覺得

> 每一個目標，每一個使命，都只是讓你體驗到某個程度的滿足，然後它會變得空洞、無趣甚至失去意義，此時，你應該將它們拋諸腦後。

無法堅持下去。去問問你那些好哥們，他們是否覺得你失去幹勁、變軟弱、害怕事業成功；如果他們認為你太早放棄了，那麼，你應該再堅持下去。

然而，也會有另一種可能性。你已經完成了這裡的業，這可能只是某個層次的生命目標，如今你正要往另一層目標前進，去接近最深層的核心目標。

當你完成了某一生命層次的目標，會出現幾種徵兆：

一、原本令你躍躍欲試、鬥志高昂的目標或使命，卻在突然間讓你感到索然無味。
二、你訝異地發現自己不論開始或終止這個目標，都不會覺得遺憾。
三、儘管不知道下一步該怎麼走，你卻感到心志澄明、不迷惘，尤其是不會覺得負擔沉重。
四、一想到自己可以收手時，能量反而更加飽滿。
五、這個目標或使命蠢得可以——好比將精力用在收集鞋帶或拿加油站發票貼牆壁那樣毫無意義。你當然可以這麼做，但是何必呢？

如果你遇到這些徵兆，也許正意味著你應該要放下了。前提是，你必須把它了結得無可挑剔，不能留下一堆麻煩，以免拖累任何人。要收手結束一件事情或許會花點時間，重點是：了結

這層生命的目標要做得乾乾淨淨，避免增添不必要的業或責任，為自己或他人在日後帶來負擔。

正在展現的下一層生命目標或許會立刻清晰可見，但大部分情況都並非如此。完成當下的這層目標後，你很可能會不知道接下來還有什麼好做的。你只知道現階段的目標結束了，卻不知道接下來是什麼。此時，請靜待願景的浮現。

這個過程急不得。你可能需要找份過渡性的工作維持生計，直到下一層生命目標浮現；又或者你的手頭還算寬裕，可以什麼都不做的等待。重點是，你必須敞開自己，準備好迎納下一層生命目標；你必須為它保持開放，千萬別被一堆消遣或事務給分散注意力了。少看電視和玩電腦遊戲，少去花天酒地或一個伴侶換過一個……**請專心等待**，你可能想獨自躲到一個偏遠之處靜待，無論你決定做什麼，請都要**有意識地讓自己保持開放**，以便隨時迎接下一個目標——它一定會出現的！

願景或新目標出現在你面前的時候，通常不是很完整、很詳細的。你也許知道該朝哪個方向前進，卻不知道實際上該怎麼做，不過，當有一股衝動湧上來時，請馬上回應它，**不能等到目標已經將所有細節展現在眼前時才行動**——你必須在嘗試和錯誤之中，學習到你到底要做什麼。

舉個例子來說，你做了幾年的股票經紀人，終於感覺自己達成了這項階段性目標了。你已經攢下了一筆錢，打算等待下一層生命的願景出現。經過三個星期的放縱，在對生命接著要做什麼毫無頭緒的過程中，你開始覺得自己或許想做為人提供服務的

你必須在嘗試和錯誤之中，學習到你到底要做什麼。

工作，於是開始想像利用自己的財務技巧幫人開創一番事業。你恰好有幾個朋友胸懷拯救世界的大志，但他們的商業知識實在不太行，所以總是踏不出下一步。於是，你主動打電話給他們提供協助。

當你幫助你的朋友時，你感受到你的目標「蠢蠢欲動」。一開始的時候，你可能會有幾次的白忙，但最後你發現竟有好幾間非營利團體開始來找你諮詢，**這樣的感覺，就彷彿整個宇宙都在推著你朝這個方向前進。**儘管你不確定這份工作能不能糊口，但你會覺得目前的感覺很好，於是全心投入其中，百分之百的奉獻你的天賦才能，沒有任何保留。

過不了太久，有位富裕人士注意到了你。他欣賞你全心地投入、專注於幫助人的精神，於是他成為了你的贊助者。現在，你確定了，也覺得一切都妥當了，你有不錯的收入，你在做自己真正想做的事情，並且在幫助他人。你熱愛你所做的事，也因此在每個你接觸到的人內心當中點燃起這份愛。你的生命圓滿了起來。

也許，幾年後的某一天，你完成了這一層生命的目標，畫下了句點。

新的循環再度開啟，就這樣，一次又一次，直到你穿透每一層目標，達到最深層的核心目標。到那時，你會全心全意、毫無保留地行動，一直到連那個目標都融化在愛的極樂裡——

而你，就是愛。

13 別拿你的家庭當藉口

如果男人從來不去尋找他人生中最深層的目標，或者他以家庭為藉口而永遠地妥協、背棄了那個目標，那麼，他的內在核心就會變得軟弱，變得膚淺又存在感薄弱。

他的女人會很難再信任他，就算他花很多能量去照顧孩子及分擔家務，他們彼此也會失去「性兩極」的吸引力。

男人當然要與女人共同照顧孩子及家務，不過，要是他為此而背棄他最深層的目標，到頭來每個人都會受苦。

你應該盡力照顧孩子和家庭，可是你一定要記住，如果你為此而有好長的時間離棄你生命的真正目標，那麼你將無法幫助任何人。

為了更崇高的承擔、為了服務於愛，你必須超越個人的喜惡，才算真的有能力養育好孩子，才能夠以任何方式負責任地為愛而獻身。一家之主，或許是你的天生角色或本分，但你不能拿它當藉口，而否定你最深層的生命目標，否則你會感到灰心喪志，讓你自己活得比你自知所能達到的生命更不圓滿。

這樣的自我放棄，會不經易地感染你的妻子和孩子。

他們會感受到你的軟弱，你的女人會因而開始承擔比她原本所想的更多的事務——畢竟顯然你無法為自己作主，那麼就得有另一人挺身而出。你的孩子會質疑你的管教方式，因為他們感受得到你身上缺乏真誠的自我紀律。不信你可以試試，一旦你否定了自身最深層的生命目標，家庭就會成為考驗你的戰場，每個人都會去挑戰你是否有能力堅持不退縮，而你注定會落敗。

身為父親跟一家之主，將你的愛、能力、時間與能量貢獻給家庭，不只是你的責任，也能帶給你幸福和喜悅。然而，有多大的動能去貢獻給家庭，在伴侶之間可能是對等的，也可能不是——這需要每對伴侶持續不斷地發掘。這樣為家庭奉獻的動能，本來就會隨著生命成長的不同階段而改變，同樣的，這樣的動能在伴侶雙方對家庭付出上，也是會改變的。

無論是男人還是女人，其內在的陰性本質讓他們會優先考慮一段關係裡愛的流動，而他們內在的陽性本質，則會促使他們追求邁向自由的使命。最終來說，**真正的愛與自由是一致的，然而，陰性本質和陽性本質走向愛與自由的合一之旅，卻是有很大的差別**。

如果你的女人比你具備更多陰性本質，或者她比你更處於陰性的生命階段，她會將愛的流動視為生命的第一要事：她在和孩子相處時分享愛，會更能使她感到內在核心的圓滿。

當然，你在和孩子分享愛的時候也會感到很完滿，但若你偏向陽性本質，或者你正處於生命中的陽性階段，那麼，這份完滿就還不夠觸碰到你最深層的核心——至少

一家之主，或許是你的天生角色，但你不能拿它當藉口，而否定你最深層的生命目標。

無法像她那樣。儘管你跟你的女人一樣疼愛孩子，親子關係對你來說只是深層目標的一部分，而非一切。

□□□□

那麼，你最深層的生命目標是什麼呢？

有些男人的答案是家庭，如果你是屬於這類型的男性，那你應該不會去關心究竟自己是否有在拿家庭當藉口。

然而，有很多男人儘管很愛自己的家庭，卻還是會接收到更深層使命的呼喚，如果他們不能真誠地為這樣的感召而活，其內在核心就會變得虛弱——就算他們真的很珍愛自己的家庭並且非常想要為家庭獻身。

當你清楚自己的方向，並且確實朝向它前進，把它完滿地活出來，你的內在核心將充滿活力和力量。你的孩子自然也會感受到，並且對你鮮明而強烈的存在感有所回應——有別於回應你原本的「模糊不定」。你先前之所以模糊不定，是因為你認為花時間陪伴孩子是「正確」或「應該」做的事情，而遠離了你最深層的生命目標。

一位父親若完全覺知於當下，在愛中圓滿，未與內在割裂，並清楚自己的使命，孩子能與這樣的父親短暫相處，遠勝於花許多時間和一位迷失最深層目標而志向不明的父親相處——這樣的父親就算再疼愛他的孩子，也無法發揮真正的影響力。

雙親是孩子耳濡目染的學習榜樣，倘若父親總是莫名的軟弱又容易妥協，他們從父親身上所經驗到的愛就會受到影響。

正如你和你父親的情況一樣，你的孩子也會無意識地複製或回應從你身上吸收到的情感。

你的情感基調——在最深的生命目標裡自在快樂，或對自己的志向不清而感到畏懼——也將成為你的孩子家庭氛圍的一部分。

如果你跟你的女人都要上班，最好能夠請家人幫忙分攤照顧孩子的時間，甚至可以僱請他人幫忙——這會好過你認為自己應該要花更多時間陪伴小孩，而永遠犧牲你最深層的目標和真我。

影響孩子成長的，並不是陪伴時間的長短，而是你們互動的品質。孩子對於情感基調非常敏感，假使你無法在內在的核心圓滿安身，而和最深層的目標不一致，他們會感覺得到你並不是真誠的獻身。

為了孩子，為了你自己，為了你的女人，你必須要找到自己最深層的生命目標，並完全投入地去實現它，同時尋找合適的方式去努力擁抱家庭。和你的另一半和孩子相處時，不要帶著妥協和心不在焉。別以家庭為藉口，只成為一個與你原可以達成相比之下較不圓滿的人。

影響孩子成長的，並不是陪伴時間的長短，而是你們互動的品質。

養兒育女是一種選擇，你可以做好防護措施，選擇不要生孩子，但如果你選擇要進入家庭、生育子女，那就有責任盡可能地去付出真誠的愛為他們獻身——**唯有當你的生命與最深層核心目標一致時，你才有可能獻出你最真誠的愛。**

關於你最深層的圓滿核心，請不要欺騙家人，也不要以他們為藉口，來逃避自己為實現最高使命而需要付出的努力。如果你夠有紀律，去依據你最深層的慾望而行動，你就可以在為家庭付出愛的同時，又投身於生命最優先的目標。這麼一來，你在和家庭相處時，會全心全意地和他們在一起，沒有任何未完成的事情會分散你的注意力，也不會因為不知道自己想走什麼路或做什麼事而感到遲疑不定。

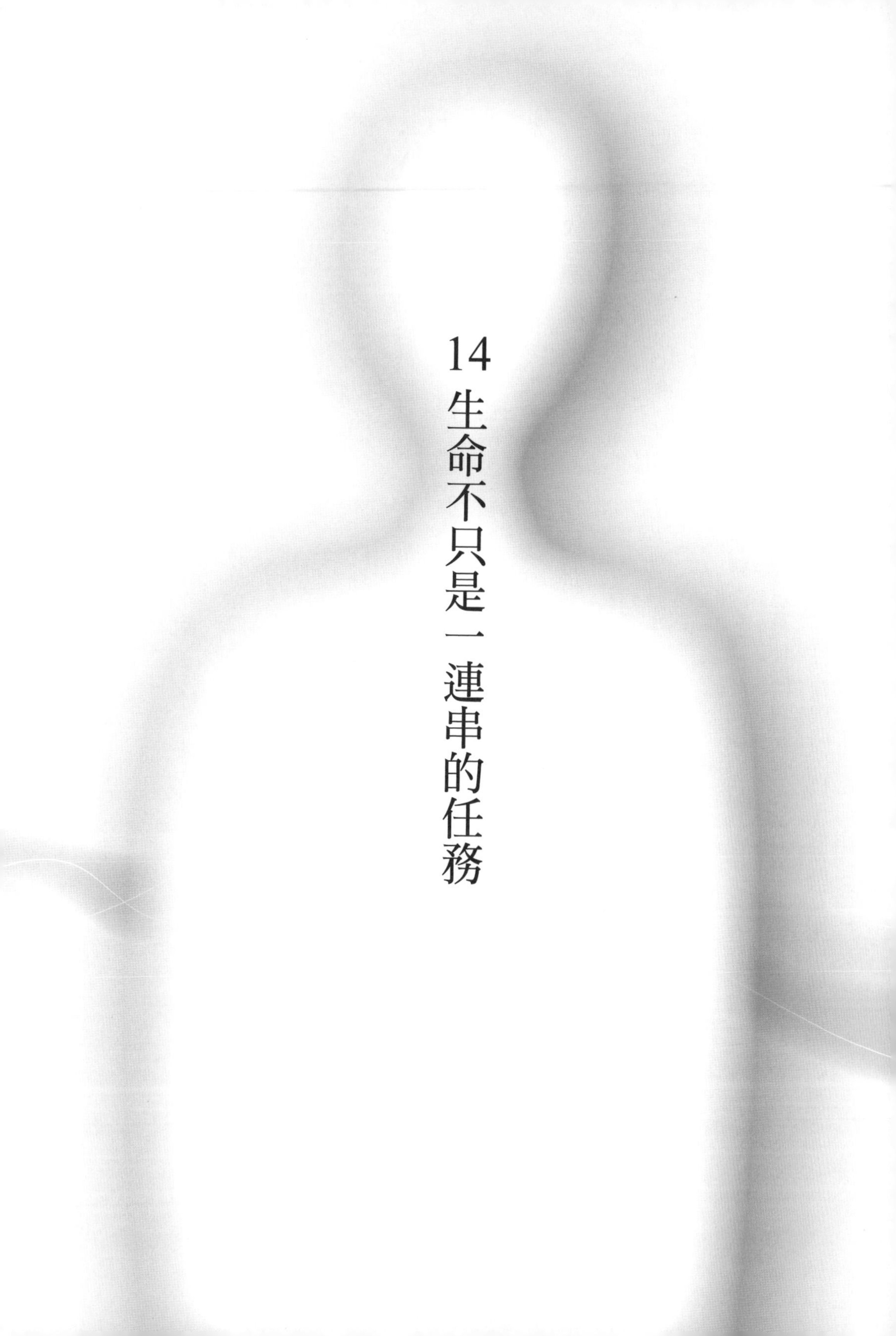

14 生命不只是一連串的任務

無論男人的目標是什麼，他應該要定期地透過冥想和靜修，來時時更新他生命的超凡層面。

不要迷失於生命的瑣碎細節裡，卻忘了當下時刻最深層的真我。你要能夠體會並活於當下，工作並不會比你活在當下更讓你有所覺知與自由。

你或許清楚自己處於「進行式」的狀態是什麼情況。當你全神貫注，一心只想完成眼前的事時，你不會希望被打擾。如果有人想打斷你，問你問題，你可能會不予理會或用三言兩語盡快打發他們，好讓自己不偏離地繼續完成這件事。這種進行式狀態在男人身上非常普遍，不論是看電視或熬夜趕報告，你會心無旁騖地專注於手上的任務，不希望分神。

這種狀態是你最大的優勢之一，卻同時也是你的弱點。它能讓你克服萬難完成任務，這很棒，而這股不完成不罷休的力量能讓你維持紀律，為目標全神貫注，這也很好。然而，要是你因而忘掉生命中更遠大的目標，光顧著去做那日常生活裡永無休止的瑣事任務，你只會淪為一部狹隘的工作機器。

讀到這裡的你，可能正處於進行式狀態，正埋首於閱讀的過程當中。**現在請想像一下，如果你現在就要死了，你內心最後一瞬的微細感受是什麼？**是否感受到存在的無窮奧祕，以至於在這最後一刻油然心生敬畏和感激之情？你的心是否足夠敞開，以至於在這最後一刻融化在完滿的愛裡？還是你正完全投入於手上的事務，以至於根本不知道死之將至，直到最後一刻，嗖的一聲，萬般皆空？

你的每一時每一刻有多圓滿，端視你是否懷著自由和愛臣服而死去、明白自己在此生中已經竭盡所能地奉獻出天賦才能，並了知存在的真理。你愛得完滿嗎？還是有從未說出口的感受，可能會讓你在最後一刻有所遺憾？你是否能對無窮的神祕懷抱著敬畏，卻又能自在放鬆地面對？還是你太過沉浸在工作或任務當中，以至於你感受不到存在的奇蹟，也感受不到每一時每一刻都不斷生滅於那偉大的未知當中？甚至是現在，你是否過度沉醉於工作而被矇蔽了視野，無法看見那天地遼闊？

工作再重要，也無法累積成愛、自由和圓滿的覺知。**你不應該冀望工作能讓自己感到完滿，不管你做了多少都不會足夠——就算那是正確的事**。做事情，只是肉體生命的特性，如果你希望身體繼續運作，自然得飲食和呼吸，也必須工作、照顧家庭、刷牙洗臉……但這些都只是地球上生命的機制，而這些是無法引領你導向存在的絕對真理。

當你以正確的方式去做事時，你的生命能量將得以釋放，以致你能夠關注真正重要的事情——探究、認知並實踐真正的自由。你知道這代表什麼嗎？你可曾全心投入追尋存在的最深層真理？如果你此時此刻正在做的事情並無法支持你的生命往這個方向前進，你應該要放棄或做出改變，好讓你能去探尋存在的真理——否則，你都是在浪費生命。

工作再重要，也無法累積成愛、自由和圓滿的覺知。

很多女人白白浪費寶貴的時間在情緒當中打滾，也有許多男人把自己淹沒在種種日常任務上。他們日復一日、年復一年地埋首苦幹，直到成為一臺不斷完成任務的機器人。其實，你應該抬頭並睜開眼睛，眺望地平線——你應該抱著在風和日麗裡充滿幹勁打掃家裡的精神，去做你的事情、執行你任務。

為了讓你意識到日常任務的瑣碎、乏味，你得不時用些「提神劑」來打斷例行日程。這些「提神劑」應該要能直達核心，刪減此時此刻的一些枝節。請去想像人之將死的那一刻、觀看你所知最覺悟者的形象、去冥想沉思存在的奧祕、去讓自己沉浸至你所能及、最深刻的關愛之中。請用你自己的方式，去體會並記住「無限」，然後再回來繼續手上的任務。這麼一來，你就不會失掉視野，誤以為生命只是一連串任務。

你不是一臺單調的任務機器人，你是愛的無限奧祕。

記住這一點，去成為那奧祕，同時不忘你的任務。

15 別冀望你的女人會給你好日子過

女人似乎會不時地出題目給她的男人，考驗他是否能在真我和深層目標中堅定不移。她透過考驗他去理解他的自由和愛的深度，以明白這個男人是否值得信任。

考驗的手段各種各樣：抱怨他、挑戰他、改變心意、質疑他、干擾他，甚至有意無意地破壞他的生命目標。

男人千萬不要以為女人的考驗會終結，總有一天會有輕鬆的日子可過；相反地，男人應該感激她的這些行為，因為她這樣做是為了感受他的能量、正直及開放性。

女人渴望體驗男人最深層的真我和愛，所以，隨著他的成長，她的考驗也會進一步發展。

男人生命當中的每一時刻，若不是考驗，就是慶祝。你跟你的女人之間相處的每一時刻更是如此，甚至有過之而無不及。

不僅她的存在本身就是一種考驗，在你們的感情關係當中，她最深層的樂趣之一，就是考驗你，並親自去體會你的堅定不移。

對於女人來說，最富愛慾的時刻，莫過於感受到你是印度教濕婆神那般神聖的陽性：泰然不驚、完全的愛、圓滿覺知於當下的存在、穿透一切。她無法動搖你，因為你已經成為真正的自己——不管有沒有她；她嚇不走你，因為你是在無懼的愛中瀰漫她的心和身體；她無法干擾你，因為你全心投身於真理，不會被她的花招牽著鼻子走。

在感受到你內在深刻的愛與自由之後，她終於可以全然信任你，並且在愛的喜慶裡放下對你的考驗。

直到某時她想要再次感受你的濕婆之力，考驗就又會再度開始——事實上，當你最像濕婆神的時候，她更會大大地考驗你。

也許你為一個財務方面的目標而努力好一陣子，並且終於成功了。經過幾個月或幾年的付出，你極富創造性地賺到一筆為數不少的金錢。你感到無比幸福、滿足，覺得自己很成功，於是你興高采烈地回家跟你的女人分享這個消息和心情。

「我今天終於賺到一百萬了。」

「不錯啊。」

「不錯!?妳知道我為此有多辛苦嗎？」

「知道啊，你忙到我好幾個月都沒見到你了。回家路上有幫我買牛奶嗎？」

「噢，親愛的，真的很抱歉，我完全忘了。不過沒有關係，我們現在都買得起一座乳牛牧場了！」

「今天早上我才提醒過你三次！我甚至還留了張便條紙在你的公事包裡。你怎麼還有辦法忘記？」

對於女人來說，最富愛慾的時刻，莫過於感受到神聖的陽性：泰然不驚、完全的愛、圓滿覺知於當下的存在、穿透一切。

「對不起啦！要不我現在就去買那個『鬼牛奶』……」

她為什麼這樣對你？她這樣做是為了貶低你的成就嗎？

不。她是在挑戰你，**因為你的成功對她來說一點意義都沒有——除非你自由和充滿愛**。只要你自由並充滿愛，她不管講什麼，其實你都不會因此而崩潰。她就是想見到你無堅不摧，所以才會這樣踩你的痛處。

她當然知道這一刻的成功對你而言意義有多麼重大！正是因為知道，她才要否認你，然而，她這麼做並不是為了傷害你，而是想感受你如濕婆神般的陽性。她渴望感受到你堅定的力量，她想證明你的幸福與快樂既不是來自於她給你的回應，也不是來自於你賺到的那一百萬。她希望你是更超凡的男子漢。

要能夠這樣的自由，其實是很高的要求。當你處於比較平庸的時刻，你的確會希望你的女人願意接受這樣的你。

然而，如果你是將生命活得完滿的男人，願意在極限邊緣好好發揮、克服挑戰以求成長，你就會欣然接受她的考驗——當然，你也可能不太喜歡這樣老是被考驗，可是你也不希望她委身於一個要靠女人的反應才能感到快樂的傢伙。

只要你找到自己的使命並與之和諧一致，你在根本上就是快樂的——僅管你必須這樣去經歷考驗又喜慶的循環。你不需要對方的安撫才能夠完成你的使命，雖然她安慰你時，感覺是不錯的，可是你已經不再是個需要媽媽來告訴你你很棒的男孩子了，事實上，你的女人也不希望你需要媽媽——乞討讚賞的男人令她倒胃口。

如果你的女人比較軟弱，那麼她才會安於一個軟弱的男人，自然也就得（也願意）滿足你想被稱讚的需求。

然而，如果她是一名優秀又堅強的女性，她無法容忍你需要有人輕撫你的頭來安慰你，像個孩子般收藏玩具，做個山寨大王。

一個好女人當然也會愛你像孩子的那一部分，但同時她仍然渴望：引導你前進的是最深層的真我，而不是未痊癒的童年傷口。她希望感受到你的核心成長，超越對表揚讚賞或百萬元玩具的需要，她渴望感受你那源於自身的力量——真我的力量。

所以，她才會考驗你。她或許並不全然有意識地知道自己為什麼這樣做，但為了感受你的力量，她就是會踩你的痛點，尤其當你因達至膚淺的成功而沾沾自喜之際。

如果你崩潰了，那你等於搞砸了這次的考驗，你的傲氣被你的女人重挫了，因為你向她表現出**你過度依賴她的外在肯定**，因此，就算你賺了一百萬，你仍舊是個軟弱的男人——你的女人無法完全信任你。

惟有能夠保持完滿且堅強、幽默又快樂，並且你的真我不受她的一言一行所干擾和動搖，你才算是通過考驗。

你一把抱起了她，將她放在沙發上，並接著說：「噢，親愛的，我這就去買牛奶。」你微笑著親吻她，深情地注視著她的雙眼，充滿自信地撫摸她，讓她散發出如牛奶般濃郁香甜的幸福感。

此時，她會放下包圍住心靈的緊繃，放鬆地完全信任你內在的濕婆核心，你是值

一個好女人當然也會愛你像孩子的那一部分，但同時她仍然渴望：引導你前進的是最深層的真我。

得信賴的。你不需要她的認許就已經充滿了愛，你就是純然的愛，你的真我是愛。你是個獨立的人，不需依賴媽媽而圓滿，你不只是個男人，更是一位男子漢：

你是一名做到最好的男人，以愛活在這個世界和感情關係，儘管面對她的批評，你的心仍舊是開放的，真我仍然堅定——你是一個就算那天賺了一百萬元，還是能在「忘記買牛奶事件」裡保持幽默的男人。

這才是值得你的女人信任的男人。

現在這一刻，正是可以慶祝的時刻。現在，她的心情放鬆了，能真正參與你的歡騰，因為她明白，你的快樂不必依賴她的讚賞——縱然這一刻或許只會持續十來分鐘，接著她又向你發出另一個考驗。

考驗不會結束。女人為了感受快感，感受男人在愛中充滿力量、感受男人有能力克服困難、感受男人在真我裡堅持不懈，尤其當她在抱怨的時候……她會經常考驗男人。抱怨，正是女人考驗你的開始，那不能算是真的批評，而是考驗你的濕婆之力。一旦她從中感覺到你的幽默和快樂，那批評就會完全融化在愛裡。

考驗永遠不會結束。

這裡有個祕密是，**你是無處可逃的，就算與另一個女性交往，你還是永遠無法擺脫考驗**。

什麼治療方式都不會管用，無論你多麼富有，或是你和你的女人在性愛方面多麼契合，你還是會被考驗。你的女人考驗你，是因為她很愛你，所以，她才會渴望感受

抱怨，正是女人考驗你的開始，那不能算是真的批評，而是考驗你的濕婆之力。

你的真我，才會渴望感受你的愛——比起她拋向你的譏諷更強烈。她必須確定了，才能在性兩極裡放鬆與臣服，才能完全地信任你。

最愛你的女人，會最大程度地給你考驗，她渴望你能成為你最完滿、最光芒四射的真我，所以她不會滿足於較為平凡的你，她知道在你心靈的最深處，你是自由的，你就是她的濕婆；所以她會折磨還處於平凡、低等的你，而且你也知道，在這方面她的確挺拿手的。

如果你的目標是自由，這是你的必經之路。

Part 2

與伴侶的相處之道

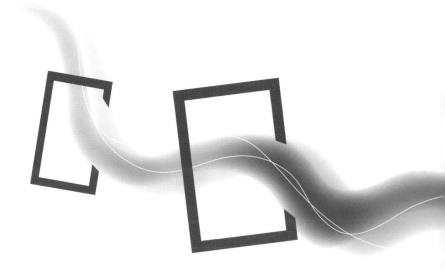

陽性透過挑戰而成長，
陰性卻是透過接受讚美而成長。

16 女人並不是口是心非

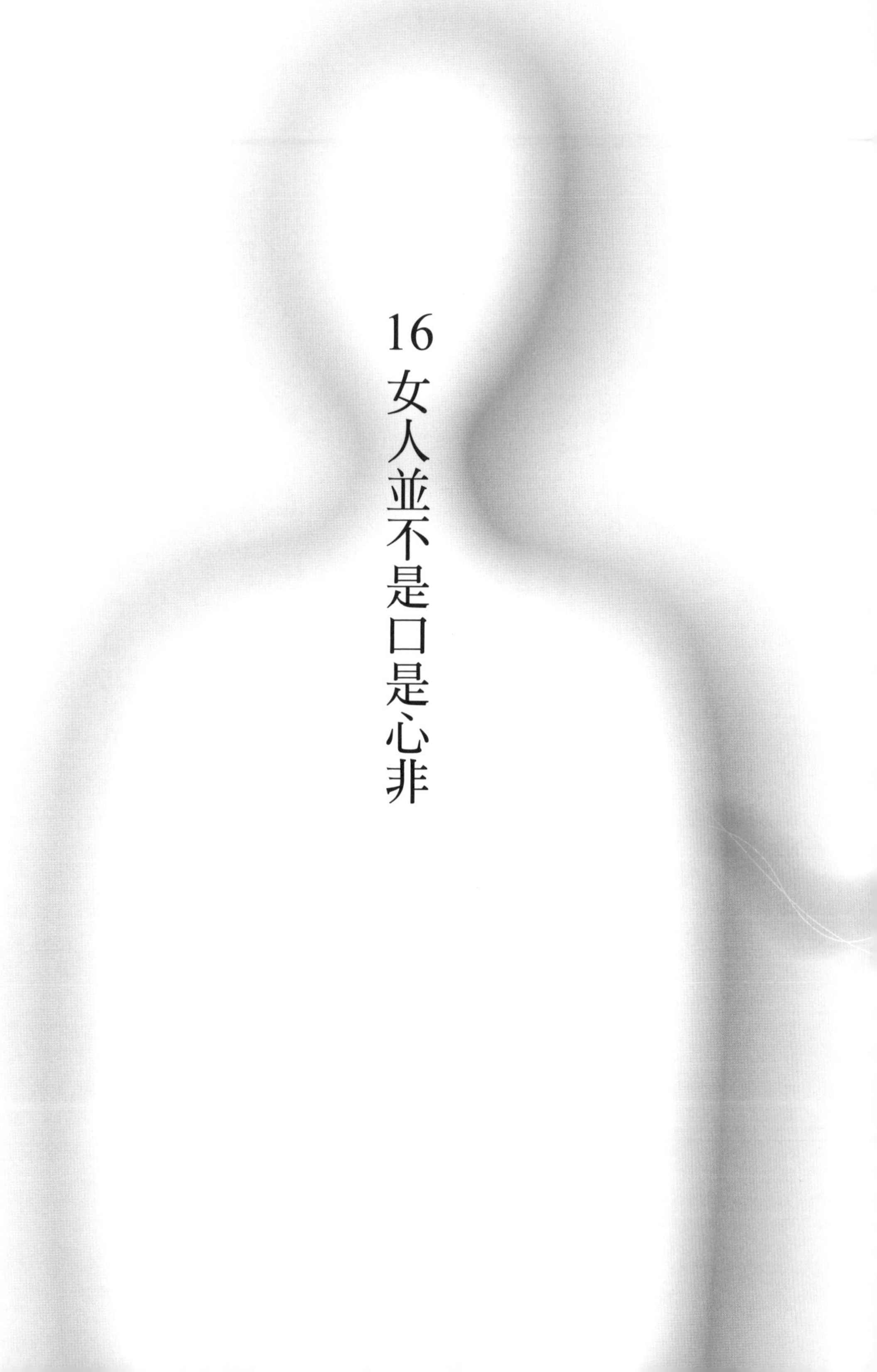

無論男女，都具備「信守諾言」的陽性本質。較偏陰性本質的人較難以信守承諾，但是這不等於欺騙。比起承諾和事實，女性往往較常以情感和一段關係裡的感受變化來表達自己。當她說「我恨你」、「我永遠都不會搬去德州」或「我不想看電影」時，通常只是反映了短暫的感覺波動，而非根據事件和經驗而深思熟慮後所做出的反應。

然而，男性通常有什麼就說什麼。男人的承諾攸關榮譽，陰性表達的是感覺——女人講的話是她當下的真實情緒。

聆聽你的女人時，你要像聆聽海浪或者樹葉間的清風。你聽到的聲音，是她的感受——能量流動的聲音。當然，有些時候，她會本著陽性特質而使得講出口的話精準表達她的本意，但大部分的時候（尤其是情緒激動時），**她幾乎是憑著感覺之聲在發言的**。

比起清晰的行動綱要，她的話語更像是詩歌。在情緒激動時，如果她說她將做什麼，實際上指的是她當下「感覺到自己想要做什麼」，所以，她實際上要做什麼，很可能在五分鐘之內改變——嗯，也可以每五分鐘就改變一次。

每次你因為自己的女人的行動而驚訝地說「可是妳剛才說……」時，你忘了她具有陰性的本質。女人的話如天上的浮雲，此刻清晰、連貫，下一刻就面目模糊，就是這麼的瞬息萬變。然而，雲是水、風和空氣經過物理變化而來的產物，你女人所說的話也是一連串的物理變化：她的

感受、你們之間的關係、當下情境微妙的地方，可見的、不可見的種種。下一刻，當這些因素改變了，她的言語表達也會隨之轉變。

你問她：「想看電影嗎？」

她可能會說：「還好耶……」

然後你抱起她轉了個圈，接著說：「我們去看電影吧！」

她說：「好啊！」

她不是在說自己想不想看電影，她表達的是當下此刻對於你們之間親密關係的感受。如果她的話語顯示出沒那麼想去看電影後，你也說好吧，接著便坐下來看電視，那你就是沒有搞清楚狀況。她其實並非不想去看電影——即使她嘴上是這樣講。

這並不是說謊、口是心非。對於男人以及說話方式偏陽性的人而言，或許不老實說出真心話就是在說謊，然而，對女人而言，比起她內在深厚的感受之流，真實是那樣的細薄——女性的真我是她當下那一刻的真實感受。

因此，當你的女人說她願意跟你一起搬去匹茲堡，卻在你賣掉房子後反悔，說不想搬了的時候，請先別急著大吼說：「妳之前明明說……」當初她之所以願意跟你一起搬過去，是因為她對你們的關係感到良好、有信心，後來她不願意了，是因為她對這段關係的感覺已經變調；所以，**與其與她爭辯她之前說過什麼，不如先鞏固你們親密關係裡的愛。**

重點是：除非你的女人在說話時，愛正深深圓滿地流動著，否則你不能只讀她字

對女人而言，比起她內在深厚的感受之流，真實是那樣的細薄——女性的真我是她當下那一刻的真實感受。

面上的意思。此外，在當下這一刻，你應該還是要清楚，她所表達的是她自己「目前的感覺」，而不一定是她提到的那個話題本身。

同樣的，除非你的女人說話時是在愛的圓滿流動當中，否則不要按照著她的話安排計畫。你也應該預先有所準備，任何時候當她的感覺改變了，她很可能會改變想法。對於不可見事物的本質，女人的感覺比男人更敏銳，你要學會明辨她游移不定的情緒變化和敏銳的智慧。

女人絕不是說謊、口是心非——雖然在男人的眼中，她們正是如此可惡又可愛。也因為如此，男人才那麼有必要根據他所能洞見的最深層真相，為自己的決定負最後的責任，如果他因為女人充滿變動性的話語和表達而一再妥協讓步，使他偏離了朝向真我之路，最後他可能會對她有所抱怨。

你應該傾聽你的女人說的話，並且仔細感受她的深層內在、充分考慮她向你表達的心思，然後最好根據你內在深層的核心去做出最好的決定。如此，就算你的女人後來改變主意，你也不會因為壓抑自己的真實而妥協自己的路，最後對她心生怨懟。

甚至，你將能夠享受她細微敏銳的心思智慧，以及那宛如天氣般變動不定的情感模式。當你能好好考慮她的情緒表達和智慧，並知道自己總能做出最好的決定時，你就可以有充分的準備前進或改變行動。

17 讚美她會強化你讚美她的那一點

陽性透過挑戰而成長，陰性卻是透過接受讚美而成長，所以，男人不該吝於表達對自己女人的欣賞。

坦率的讚美她吧！

男人因挑戰而成長。

小時候，為了刺激你，其他男孩會挑釁的說：「我賭你跳不過那道圍籬。」在新兵訓練營這類的地方，你被貶低成無用的菜鳥，這種羞辱人的批判，鞭策著你下定決心要把事情做到最好，讓人刮目相看。

因此，身為男人，你或許也有挑戰別人的陽性習慣——包括挑戰你的女人，你認為這可以讓她進步、成長，變得更好。然而事實上，挑戰只會讓她陽性的那一面得到成長，她陰性的那一面需要支持與讚美才能夠盛放。

因此，告訴她「我真愛妳的好身材！」絕對會比你說「親愛的，我希望妳的體重別再增加了！」更能讓她努力去運動鍛鍊。

讚美女人，會更強化你讚美她的那個優點。

這句話的意思就是在說，告訴她「妳的笑容是最美的！」會比說「妳皺眉頭的樣子醜死了！」更有效果——即使你說這兩句話都是因為你渴望看見她的笑容。

跟你的女人說話時，記得秉持一個原則：說「杯子已經滿了一半」總是比說「杯子裡有一半都是空的」來得好！

對擁有陰性本質的人而言，讚美是名副其實的養分。如果你希望你的女人散發出光芒、健康、快樂、愛、力量和深度，就多加讚美她這些特質吧！此外也別忘了，**請每天不只一次讚美她。**

針對「讚美人」這點，男人的確是不怎麼在行，不過，**你一定要學會去讚美那些你認為她身上尚不值得讚美的美好特質，**這是為了讓她最後變得值得讚美。換言之，如果你覺得她身上哪些特質有點薄弱而渴望見到她的成長，那你就要去稱讚她那個有待進步的特質。

比方說，你知道運動可以讓你的女人維持健康，然而，千萬別直白地說她應該要去運動，她會誤以為你在侮辱她，否定她現在的模樣。你不妨告訴她，她穿著緊身衣褲香汗淋漓的模樣性感極了，跟她說每次你看到她擺動身體運動時，都會讓你感到無比興奮。

此外，**如果你的女人身上有任何你真的很喜愛的部分，請一定要常常說給她聽，讓她知道。**

跟你的女人說話時，說「杯子已經滿了一半」總是比說「杯子裡有一半都是空的」來得好！

大方地讚美她，對她說你欣賞她運動時的樣子，能鼓勵她更樂於運動，反過來說，如果你告訴她為什麼應該多運動，其實是在向她暗示——你無法接受她現在的模樣。**開口讚美能夠發揮效果，而僅僅只告訴她鐵打的事實是不管用的**，你的讚美會為她帶來動力，但質疑的挑戰會使她氣餒。

請馬上去試試看，你喜愛她身上哪一些具體的特質，然後每天稱讚個五到十次。你會有不一樣的發現。

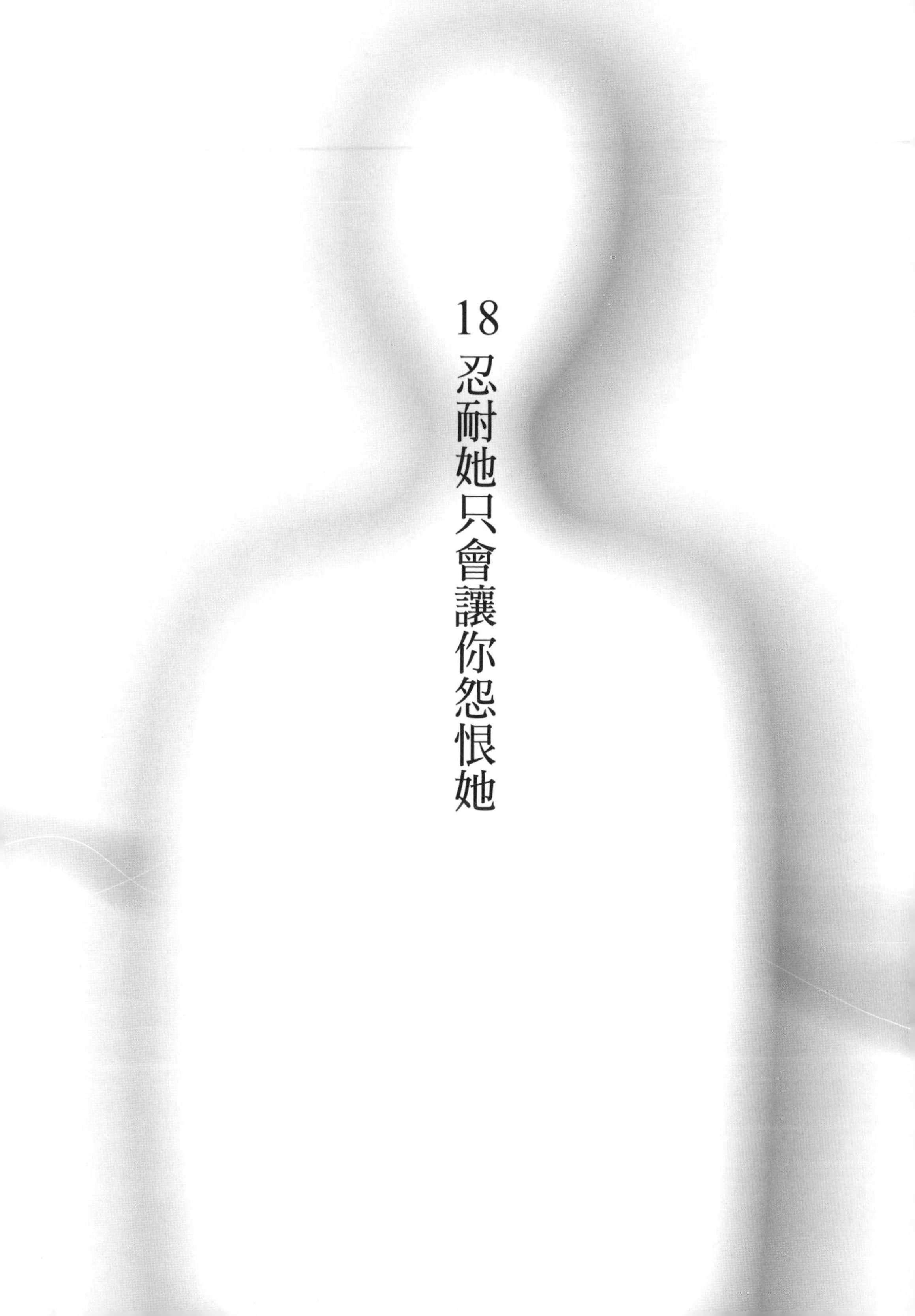

18 忍耐她只會讓你怨恨她

要是男人因為過於畏懼、過於軟弱或缺乏技巧，以至於無法參透女人的情緒和通過她的考驗而直達愛，他會漸漸對她心生憎恨，感到挫敗。他希望她能好相處一點，但她卻這麼的臭脾氣、愛發牢騷……這其實不能完全歸咎於她，因為這正意味著她並沒有被愛滲透。

當一個男人往後退縮，只是默默忍受女人自毀的情緒，這是他的軟弱，他的態度是逃避世界和他的女人，而非服務世界和她，將她們帶進愛裡。

男人不必忍受女人的執拗脾氣、愛發牢騷的情緒，他應該做的是竭盡所能地去幫助她、去愛她。如果已經百般嘗試，她還是無法或不願意在愛中綻放，他或許會考慮結束這一段感情。然而，他的心裡並不會有怒氣及怨恨，因為他知道他已盡了自己所能。

要維持一段健康的親密關係，關鍵在於彼此能夠在成長和愛裡相扶相持，這樣會比只靠自己成長更好。換個方式來說，如果單身也能夠很好地成長、愛得很好，又何必投身於一段感情生活當中呢？**所謂的親密關係，就是藉由彼此奉獻、付出的藝術，讓我們成長得比獨自一個人所能做到的更好。**

你能給女人最大的奉獻或饋贈之一，就是當她把心封閉起來時，你能打開它。當然，她也能夠靠自己的力量走出黑暗，但你也可以用陽剛之愛情，像閃電那般，以她獨自一人所不能的方式，去照亮她的幽暗。

然而，如果你和大部分的男人一樣，那麼女人的情緒對你而言可能是個重擔，讓你覺得芒刺在背，你會希望她最好別來煩你，自己顧好自己。你漸漸會覺得心累或挫敗，到頭來你只是在忍受她的脾氣，苦水自己吞，心裡的怨憤愈積愈多。你不禁納悶：她究竟有什麼毛病？為什麼她就是沒辦法開心一點？

你的女人的陰性部分，若不是在愛的臣服中開放（好相處的時刻），就是封閉了起來（難搞的時候）變成情感的考驗，而你是否有能力讓她敞開呢？這陰性的循環就好似大自然裡的週期變化，永遠不會終結。你愈早明白並學習去擁抱她那種情感封閉的狀態，並與之共舞，你們倆就能愈早超越這種心理劇而成長，並體會到這戲碼的幽默之處。

你沒有必要忍受你女人的封閉情感和抱怨，你應該用富技巧的愛和深情去敞開她的情緒。這才是身為男人的你必須奉獻出的贈禮，奉獻比忍受更能讓你們彼此成長，**真正的男子漢不把另一半的情緒看做是詛咒，反而會當做是挑戰並樂在其中。**

要創造性地處理另一半的情緒，幫助她敞開，方法有百百種：搔她癢、脫掉衣服跳瓦圖西舞（watusi，一種手臂和頭有力抖動的二拍子舞蹈）、為她唱首歌劇、學動物叫、大喊她的名字後熱情擁吻她、把你的腹部緊貼著她直至她融化、把她抱起來轉圈圈……跟她說說話有時也會管用，但最好還是以幽默和肢體語言表達愛。

愛是男人必須奉獻出的贈禮，奉獻比光是忍受更能讓你們彼此成長。

如果你已經嘗試過各種富創造性、幽默或濃烈的深情來突破她的情緒，她仍然不願意敞開，沒關係，請放鬆，你已經用盡辦法了。假使你的技巧不足以幫助她，或者她不願接受你的付出與奉獻，這也許表示你們並不適合。

但別忘了，你跟任何女人在一起，只要她具有陰性的性本質，她每天都會經歷封閉情緒的循環，而且看起來根本無緣無故。**你無法透過換個女人交往或空等她情緒過去來逃避這樣的循環，你只能磨練幫助她敞開的技巧。**

這樣的循環永無終結，就算你是如此充滿熱情、無懼、深愛和幽默。就像日、夜、晴、雨循環不息，你的女人也會封閉、開放，循環不止，即使你們的關係、生活再幸福美滿，都一樣！

如果你發現自己正在忍受這種陰性本質的情緒週期，因為你對你們毫無結果、沒完沒了的談話感到沮喪，那麼可以肯定的是：你，或許你的另一半也一樣，正在互相積累怨憤。

別忍受她的情緒，而且別跟她討論這件事。你得**參與她的情緒循環**，使她圓滿綻放，以你的身體去推動她的身體，以你的幽默去打開她的心扉，以你無畏的存在去深入她的封閉，你要這樣打開她的心，一次，一次，再一次。也許她自己也有能力幫助自己，但**如果她靠自己比迎接你的奉獻更能夠讓自己成長，那麼她大概就不應該和你在一起了。**

19 別試圖分析你的女人

女性的情緒和心思就像天氣那般變幻莫測，有時晴朗，有時暴雨，而且沒有單一影響因素。分析只是枉然，因為「問題」的核心並不存在線性的因果關係。

問題本身根本不存在，只有微風輕拂、暴風與天氣驟變，其背後的基礎是——愛的高低氣壓失衡了。

當女人能夠感受到愛在深深流動，不論造成該情緒的可能原因是什麼，她的情緒都可以突然昇華為喜悅。

身為男人，你也許會想找出生命中所有問題的原因，以便除去問題的根源，解決問題，一勞永逸。於是，當你的另一半似乎有情緒問題時，你會渴望找到原因，會想知道是什麼讓她不開心——你假設有特定的起因，並想了解什麼引發她的壞情緒，以便你解決問題。

你愛她，所以你開始問她，企圖找出問題的根源。

「怎麼啦？是我做了什麼讓妳不高興嗎？妳為什麼哭？是不是經期快來了？還是有人說了什麼讓妳難受的話？」

你逕自以為，只要找出她問題的根源，就可以輕易解決她的壞心情，沒想到事與願違，你的探問可能讓她的情緒更糟糕。

令人訝異的是，女人會鬧脾氣有百分之九十是因為感受不到愛。所以說，你大可不必像醫生或治療師問診那樣去分析她，你要立刻給她愛——跟你想問清楚她心情差的原因那樣真切的愛——而且要明確無誤。

你可以走向她，深情地看著她雙眼，擁抱她，輕撫她，微笑地告訴她你是如此的愛她，唱她最喜歡的歌，和她一起共舞，然後，有很大的機會，她的情緒問題會煙消雲散。當然，她可能還有一些問題需要面對和處理，也許你也幫得上忙，但她的情緒層面已經確認會轉化為愛。

想靠分析紓解女人的情緒，成功的機率微乎其微，在大部分的情況裡，你的分析和試圖搞定她的問題，反而可能引爆她的地雷。當她心情差的時候，試著問她想要的是你的愛或是聽你分析；給她更多的愛並不難，更何況這正是你們彼此都渴望的。雖然身為男人，你更傾向於去搞定她的問題，但那卻正好是她不想要的，而且在大部分情況下還可能會讓事情變得更糟。

下次當你的女人心情又開始不美麗時，不妨假設**她沒有感受到被愛**——儘管有時候事情看似沒有那麼單純，她的懊惱肯定其來有自，而且肯定有你可以出手解決的原因。

請把你的女人看成一朵需要被灌溉的花兒，而非一臺需要調整化油器的發動機。請先別假設一定有什麼問題，而是假設她只是渴望你深情、堅強、穩健又敏感的愛著她。

令人訝異的是，女人會鬧脾氣有百分之九十是因為感受不到愛。所以說，你大可不必像醫生或治療師問診那樣去分析她。

你可以深情地看著她的雙眼，用她喜歡的方式撫摸她，用愛對她軟語或輕唱，然後去發現她的情緒有何變化。在你以深情化解她的情緒，讓她快樂且放鬆後，你們就可以趁這個時候談談任何需要談的事情。

如果你的另一半正在鬧情緒，你還一直探問她情緒不好的原因，那你就真的搞錯了。先給她愛，透過眼神、輕撫、動作和語調讓她感受愛，當愛的連繫接上了之後，你們才好進一步去找出有什麼需要談談的事情。

20 別建議女人解決她自己的情緒

要女人分析或解決她自己的情緒，等同於否認她的陰性本質——純粹的流動能量，宛如海洋。

她可以學會臣服，把情緒獻給上帝，她可以學會在封閉中敞開心靈，她可以學會在極限邊緣裡放鬆並相信愛，然而，她永遠無法通過分析自己的「問題」來「解決」事情。

做為男人，你可以透過清晰的分析自己的問題來更加深刻地發現自己。善用判斷力，是男人成長的最佳途徑之一，比方說去感受並思索什麼會為你的生命帶來不必要的苦惱，以便改變任何需要改變的事。

或許你發現自己對工作並不滿意，你反覆思量，發現你上司一直在利用你，而你卻一聲不吭。你認為這件事最好的解決方式就是直接跟上司反應，你鼓起勇氣走到他面前，告訴他你的想法，於是，事情過去了，問題解決了，圓滿完結。你學到向上司進諫或溝通的重要性——你放下了身上的舊包袱！

對於親密關係中出現的問題，你可能也會仿效這種做法。你不滿意妻子做的某些事——你可能跟朋友發牢騷討論過，或者捫心自問過。你發現妻子不像過去那般在乎你，你認為她若能更常為你下廚、多幫你按摩，你可能會更快樂；接著你分析，說不定她同樣也希望你能為她多做些什麼事，於是你告訴她你的要求，並且問她：「妳希望我怎麼做？」你請她仔細想一想，再告訴你她的需求。

這看起來似乎挺公平的——至少在男人眼中是這樣的，但實際上你的女人卻不賞臉。事實上，她可能反而陷入一種絕望的境地，為什麼？因為她真正想要的是，一個他自己就能清楚要怎樣做的男人；她想要一個愛她的男人，能夠將她收攏在他深情的羽翼之下，而不是老是問她想要什麼。

在親密關係中，女性最深層的慾望之一便是：**即便不需要明言暗示，她的男人也懂她**。她希能夠信任她男人所指出的方向，她的確有時候會想直接點明她想要什麼，但在大部分情況下，她不用開口提出要求或告訴你應該怎麼做，而你就能在你們的親密關係中指明方向——這種不言而明的方式最能讓她感受到你的奉獻。

比方說你的女人生日快到了。如果是你過生日，你會希望她能讓你做你想做的任何事，你以為她肯定也是這麼想的，所以你對她說：「生日快樂！為了慶祝妳的生日，妳想做什麼都可以，想去哪裡都聽妳的，我會為妳做任何妳想做的事情。說吧，妳想怎麼過生日呢？」

老天，這恰巧是史上最不受女人歡迎的生日禮物了！她絕對會更想聽到你對她說：「給妳三十分鐘打包行李，別問我要去哪兒，只要知道我們週末要去旅行就好。我都安排好了，妳只管打包好行李，剩下的都放心交給我來。妳會有一個最棒的生日體驗。」

她真正想要的是，一個他自己就能清楚要怎樣做的男人，
而不是老是問她想要什麼。

女性在親密關係中最深層的慾望之一就是能夠放鬆和臣服，知曉她的男人會照顧所有的事情（注意，這並不會出現在女性的工作和友誼當中）。她可以純然的享受，無需自己計畫，也不用告訴她的男人該怎麼做。她可以做回那純粹的能量、純粹的流動和純粹的愛，不必去分析所有選擇再決定哪一個最好。她可以享受他負責指出方向，她可以做回陰性的本質——純粹的能量。

陰性的天真狀態是以巨大的能量去流動，沒有單一方向，就像海洋那樣，而陽性的力量則像築起運河、水壩和船舶去連結陰性海洋的能量，引之從一端到另一端。女性能同時朝著數個方向前進，男性則選定一個目標，並朝著目標的方向前進，這就好比一艘穿越海洋的船隻，男人掌著舵、定下航程，朝著一個方向航行。陰性的能量巨大卻沒有方向，就宛如不斷改變的風和海洋暗湧，雖無法專心於單一目標，卻既美麗又具破壞力，是生命的泉源。

你們親密關係當中的問題，也是相同的原則。你強迫你的女人當一艘行進中的船，便是在否定她如大海般的陰性能量。每當你跟她討論，期望她分析自己的情緒和處境，去找出解決的方法，你是在與她進行「陽性」對話，她當然可以辦得到，甚至可能做得比你更好，但這並無法使她成為幸福快樂的女人。

一個幸福快樂的女人，她的身心是放鬆的：如同大海般強大、深刻且無法預測，有時狂野而具破壞性，有時寧靜安詳又生氣勃勃，臣服於她那顆巨大的海洋之心，受它所驅動。

當你要求她分析內心的情緒，那就好似用一堵高牆圈起海洋，把她變成了游泳池，雖然更安全又可預測，卻也因為失去活力而死氣沉沉。大部分的男人都像這樣把他們的女人當成男人來看待，把她們變成失去生氣的游泳池——他們就這麼跟她們討論她們的感受，好像那真的可以分析、能幫助「解決」問題似的。

省省你自己的時間吧！更別期望你的女人會自己這樣做，這就好比強迫一個男人去讀言情小說、觀賞愛情電影，男人當然也可以看這些，但他的陽性核心大概不會像她的陰性核心那樣被那些愛情故事深深打動；如果她一再強迫你這樣做，你會有點反感並開始憎恨她。話說回來，要是你的女人認為你生命的根本問題是肥皂劇看得不夠，你肯定會覺得她瘋了。肥皂劇、言情小說和愛情故事之所以能打動很多女人，是因為**陰性本質的優先考慮就是關係裡愛的流動**。

陽性的首要考量是目標和方向——分析目標，調整方向，並且藉此解決自己很多的情緒問題。然而，陰性本質的首要是愛，而非目標和方向。

女性並無法透過分析自己來變得自由，她是透過在愛裡臣服而自由的——不是你的愛，而是她的愛。這裡的意思是，女性透過臣服在無限的愛之流動來達到自由——愛的流動是她核心的本質，她讓生命被內在這股力量推動而變得自由——雖然有時候可能的確需要分析，然而最根本的還是深深的信任。

你最能夠幫助她的方法，就是助她臣服、相信愛的力量，如此一來，她將能敞開心靈，做回她本來就是的愛，並進而奉獻上愛——那從她的幸福快樂中自然洋溢的愛。這與分析什麼妨礙了她的愛無關，分析障礙是男人的做法，男人就是喜歡分析各種障礙，比方說足球場上、西洋棋棋盤上、股票市場裡，甚至是感情關係裡。身為男人的你要明白的重點是，不要將男人做事的方式強加到女人的身上。

讓你的女人做回海洋吧！鼓勵她像海洋一樣自由、深邃、狂野且強大。讓她在你毫無保留的愛裡完滿，讓她因你的存在而強大、堅定，如此她才能放下並丟棄自己情感的枷鎖。請讓內在的情感自由地流動，請讓她的愛毫無限制地表達出來，請讓她在愛裡瘋狂。

愛本身有自己的智慧，要尊崇愛的智慧，你得要明白，**要幫助女人敞開，分析的助益並不大**。用你的全身去看你的女人，你可以壁咚她，用你的胸腹讓她緊貼在牆上，將你的愛意深深傳遞給她，與她一起呼吸，讓她放下緊繃，臣服於內心的愛之下，讓她放鬆和臣服，使愛當中的內在智慧得到解放。你將從她大海般的內在陰性天賦中獲得更多能量。

身為男人的你要明白的重點是，不要將男人做事的方式強加到女人的身上。

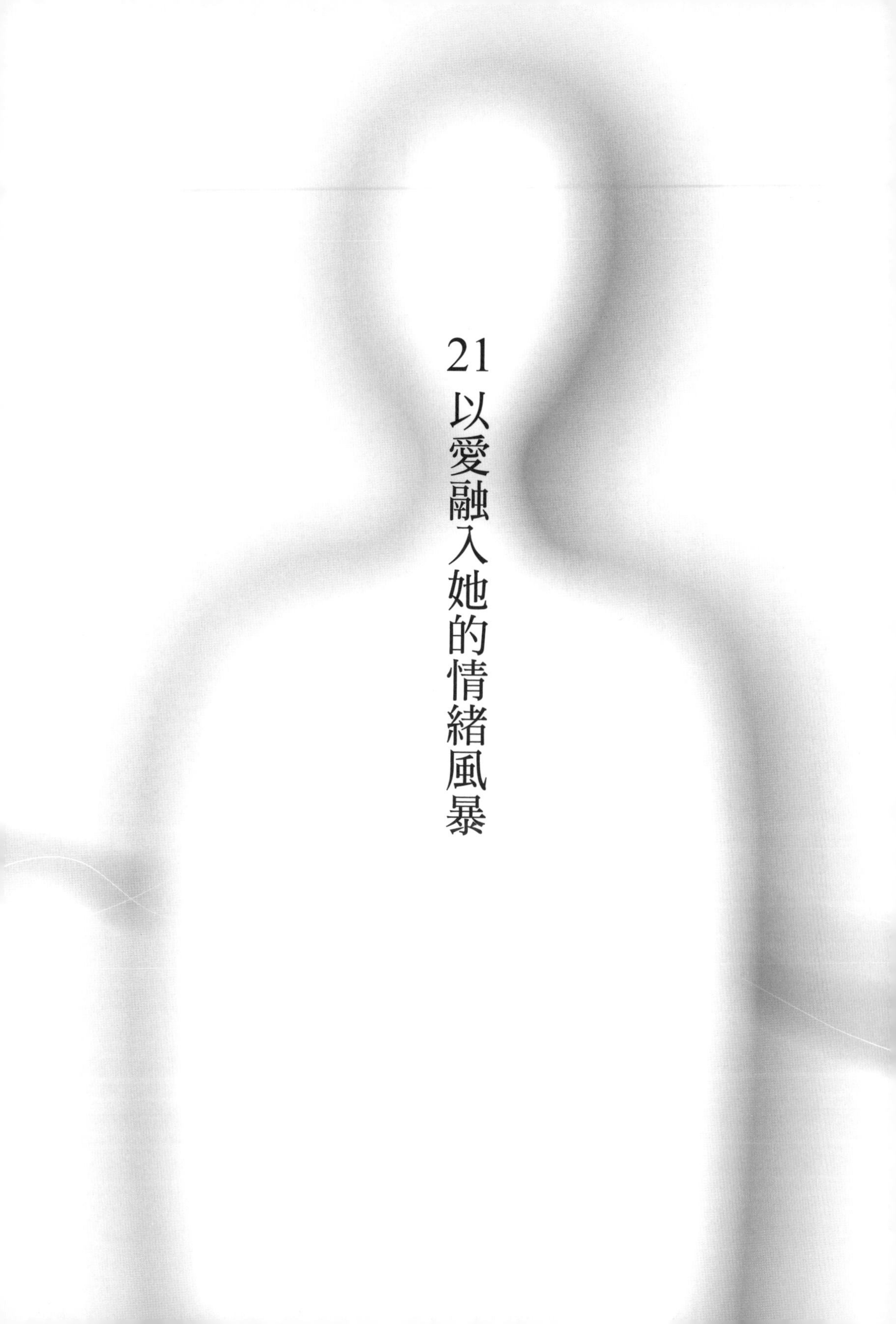

21 以愛融入她的情緒風暴

當女人情緒激動之際，平庸的男人會要她冷靜下來討論，或者乾脆躲得遠遠的，等她「神智正常」後再回來；然而，一名男子漢則會用無可動搖的愛及堅定的意識去滲透女人的情緒，如果她始終拒絕在愛中活得更圓滿，持續一段時間後，他會選擇放手。

如果你就像大部分男人那樣，那你可能不怎麼喜歡女性表現出來的壞情緒和歇斯底里。你不禁感到納悶，女人怎麼這麼複雜？她到底有什麼問題？然後你可能會發現自己在說：「冷靜下來，放輕鬆。」

女性的壞心情對你而言是那樣的晦暗難明，你甚至是感到有些厭惡，當她真的情緒崩潰之際，你內在的某部分會畏懼她的破壞力。相對於你，她的情緒是那樣的狂野又難以預料，以至於你不願意守著它們，甚至避之唯恐不急。

基本上，絕大部分的男人都害怕、甚至厭惡女人的情緒，所以你會想方設法要搞定或逃避她，你也許會對她說：「等妳恢復理智我再回來！」

然而，陰性快感當中最深刻的一種，是看到男人在女性的情緒風暴中屹立不搖，不離不棄地伴著她，穿越重重的狂野和封閉地愛著她，這樣她才能覺得你值得信任，進而放鬆下來。

你以什麼樣的方式去回應女人抓狂的情緒，正反映了你怎麼應對這個世界的混亂。

如果你是那種「要求什麼事都要整整齊齊的裝在一個小盒子裡」的男人，你會期盼把另一半的情緒也弄得整整齊齊；而假使你是那種「寧願僱用其他人來幫你收拾亂窩或整理亂成一團的帳目」的男人，你或許會希望有個什麼人能來搞定另一半的歇斯底里。

然而，藉由在你女人的混亂情感中學會保持自由和奉獻愛，你可以訓練自己駕馭這個世界——無論是在財務、創造力和心靈方面皆然。你要堅定的屹立，你的深情要濃烈得只讓愛佔最上風。要是看似不管用，也千萬別輕易放棄，你要從失敗中吸取教訓，然後再次回到愛裡。

奉獻你的天賦才能，就像在和蠻牛角力，就像在海上衝浪，而駕馭之道是要融入女性強大的能量，感受當下那一刻的起伏——這可不容許一丁點兒的分心。

你或許會被狂牛踩踏，你會許會被猛浪淹沒，你或許會被你的女人傷害到，但你會從你經歷的這一切當中吸取到教訓，然後爬起來，拍拍身上的塵埃或游上岸，重新去面對你的另一半。

你只有恐懼或掌控全局這兩個選項。

你可以放棄，選頭小牛或換個浪小一點的水域；你可以等你的女人平靜下來，甚至威嚇她冷靜下來；又或者，你可以把這當做挑戰，去測試你以愛征服世界和女人的能力。

請保持呼吸飽滿，維持身體強健，凝聚當下的覺知……無論你的女人說什麼、

女人想看到你不離不棄地伴著她、愛她，穿越重重的狂野和封閉，這樣她才能覺得你值得信任，進而放鬆下來。

做什麼，你都要給她滿滿的愛：以你的胸腹緊貼她，對她微笑，喊出她的名字，舔舔她的臉頰，竭盡你所能地去打破她封閉的外殼，將你的愛從裂縫送進去，浸潤、愛撫她的心靈。**請學習享受她的憤怒、淚水、沉默的僵硬，這個世界有時候也會給予你相同的情境。**

生命遊戲的規則是：**在每一個處境當中都有可行之道**，你要學會用愛去轉換每一種情境，在每一刻完全奉獻你的天賦才能，然後不要執著於後果，畢竟人生難免有高低起落，你終究會從低處再起。

一旦沒有逃避和執著的慾望來動搖你的愛、限制你的自由，你便駕馭了女人和這個世界。

不要執著於後果，畢竟人生難免有高低起伏、萬事萬物總是生生滅滅。

22 不要強迫女人做決定

要是一個男人期望他的女人總會做決定並且為結果負責，那表示他自己放棄他身為男人的責任，這是在壓抑他的陽性天賦才能，並讓女性去拓展她陽性的那一面。

對有些女人來說，學習著活化她的陽性能力，做出決定並堅持下去，的確是一件好事。

不過，當一個人男人否定他的責任，而不向他的女人提供陽性天賦的決斷，久而久之，她就會變得有稜有角，並且不再信任並臣服於他的愛，也不再信任他的陽性能耐，她會把自己變成自己的男人。

你的女人向你徵求意見，而你卻回答說：「妳想做什麼我都OK！」對朋友，你可以這樣說，但對另一半則不行。

朋友之間，大家希望彼此平等相待，互相給予空間，並保持獨立自主，然而在感情關係當中，你和你的女人不僅僅只是朋友，**你們是展現陰陽兩極的圓滿動能**。

難道你不希望你的女人是你的女神，奉獻她的陰性天賦？同樣的，要想觸動她，你得付出你的陽性才華。在這當中，最有價值的一種天賦才能，就是看穿所有選擇與其所有可能的結果，然後做出決定。

女性的決定主要是奠基於感覺良好，這往往是最好的下決定方式，只不過，在一段感情和親密關係當中，重點不僅僅是做出最好的決定，而是在做出這個好決定的同時，又能維繫最初將你們倆吸引在一起的陰陽兩極能量。**如果兩極性開始削弱，衝突就會增加。**

一旦兩極完全消失了，那麼你們彼此之間的吸引力也會消失，這段關係也就到了畫下句點的時候。

如果你想要你的女人（或你的女人自己想）成為陰性的那一極，你就得成為陽性的那一極。

在做出決定時提出你的觀點，是奉獻陽性天賦的一種方式。

就算是生活中再微不足道的小事、最瑣碎的決定，也千萬別輕易的對你的女人說「隨妳就好」。

如果她問你哪雙鞋更適合她，你必須下個決定，然後告訴她，千萬別說「兩雙都好看」。你可以說：「親愛的，我喜歡紅色那一雙，不過更重要的是，妳自己喜歡哪一雙。」**她當然能自由選出自己想穿什麼，可是她也想要感受你陽性天賦果斷的魅力。**

在一段感情和親密關係當中，重點不僅僅是做出最好的決定，而是在做出這個好決定的同時，又能維繫最初將你們倆吸引在一起的陰陽兩極能量。

假設你的女人正面臨重大的職涯抉擇，而這個決定會影響她未來好幾年。她會去感覺，做她感覺最好的事——這是陰性特質下決定的方式。又或者，她會用陽性的方式做出決定，也就是先衡量過各種可能性和後果。

既然你身具陽性的本質，自然有助於她的陽性決策過程，更重要的是，在你們的感情和親密關係當中，要是你不去協助她的陽性決策過程，你們雙方的能量會導致你們失去兩極性。

她會愈來愈偏向陽性的那一極，而你則愈來愈偏向性平衡，如此一來，就沒有人會成為陰性那一極。短時間這樣的確不會有什麼問題，但若是長期都這樣，你們倆就會變成朋友，而不是親密愛人——兩極之間多多采多姿的吸引力會就此消失，你們則變成了彼此促膝議事的夥伴。

如果你拒絕奉獻你陽性本質的才華，只說「無所謂，妳決定就好」，她就得仰賴自己的陽性能力去下決定。

換句話說，她將會開始更信任自己的陽性層面（而不是你的），漸漸地，你會發現她愈來愈不信任你——甚至在性愛方面，她也可能會拒絕臣服於你，因為她無法時時刻刻都放鬆和信任你。

要是你無法提供陽性的清晰視野和果斷，她就得做自己的男人，靠自己。

要是你無法提供陽性的清晰視野和果斷，她就得做自己的男人，靠自己。

總而言之，你最好要經常協助你的女人做出決定，提供她清晰的眼界，分享你的選擇，並同時讓她知道：

無論她最後的決定是什麼，你都依然愛她。

對你的女人而言，相較於你的陽性分析，她自己的陰性感覺往往是更好的決策基礎，讓她據此做出決定，所以你不妨多鼓勵她去感受自己的處境，鼓勵她相信自己的直覺。

不過，為了鞏固你們親密關係裡的兩極性和幸福快樂，就算你認為她應該自己下決定，你還是要經常分享你會怎麼做以及當中的理由。

Part 3

與性兩極和能量共舞

「為什麼女人就是不能像男人那樣呢？」許多男人心裡都會這樣納悶。
可是，如果你是更偏陽性性本質的男人——
那麼，正是女人最不像男人的那些地方，對你更具性吸引力。

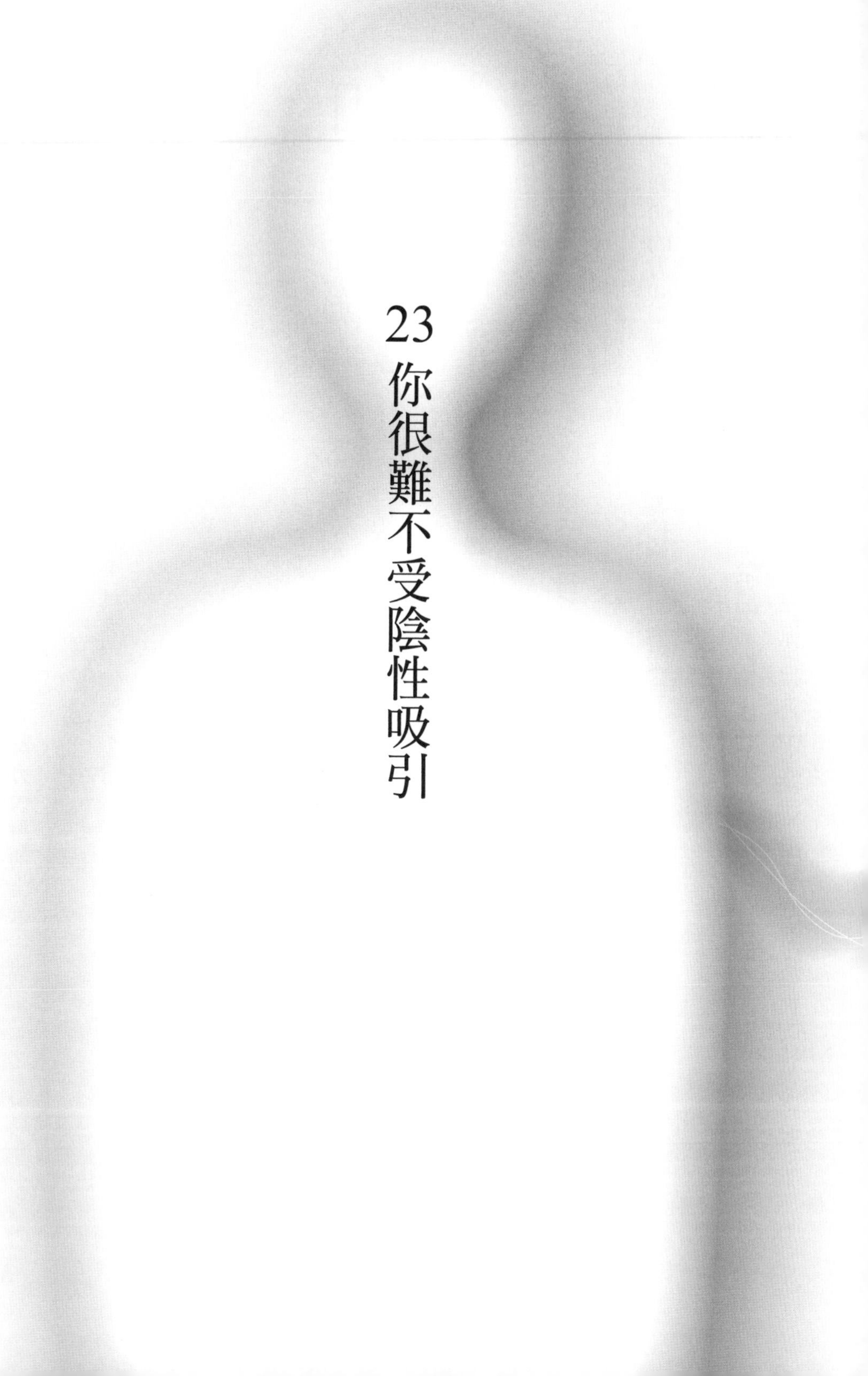

23 你很難不受陰性吸引

具陽性本質的男人會被各種陰性能量所吸引：魅力四射的女人、啤酒、音樂、大自然等等。

如果男人試圖掩飾他受吸引的事實，這表示他或多或少對自身的性核心抱持著羞恥感。

如果你和大部分男人一樣，或許會每天都在掩飾女人對你有多大的吸引力。無論是在工作上、大街上或超市裡，你總會遇見讓你興奮的女人，有時候你甚至會想跟她們做愛，然而更多時候，那其實是一種如沐春風的清新之感——偶遇難得一見的美人，會讓你一整天都充滿喜悅。女人飄散出來的獨特芬芳會送你到飄飄然的樂園裡，女人的微笑會令當下此刻轉為純粹的幸福極樂。

你可能每天都有機會被女人吸引得不由得發出「啊」的一聲讚歎，有兩種方式可以面對這種心動的瞬間：聰明的與拙劣的。

所謂聰明的方式，就是你要明白為什麼自己會受到某人的吸引——**你的性本質總是會被其能量互補的那一極所吸引**。

所以，偏陰性的男人會受偏陽性的女人吸引，性平衡的男人會被性平衡的女人吸引，大約百分之八十的男人具有更陽性的性本質——或許你也是當中之一，所以會更受陰性的特質所吸

引，不只是偏陰性的女人，還包括種種陰性能量的事物，任何光芒四射、活潑、使人如沐春風、放鬆和動人的人、事、物。陰性能量會使你離開理智，返回身體，音樂、啤酒、大自然、女性等等，都是不同形式的陰性能量。

吸引你的，不只是那些外在美麗的女人。一個女人假使能在陰性能量裡自由自在、魅力四射，你應該也會受到她的吸引，也許或多或少，但你總是會被吸引——至少會使你不由自主地偷偷多瞧她幾眼。

這樣的吸引力不僅是很自然的，同時也是健康的。這是兩極性的表徵，就像電流在電池的正、負極之間流動，沒有什麼好羞恥的。

這也正是為何會有男人與女人的存在，兩極性是自然的本質，從地球南、北極的磁場，到男人陽性核心和女人陰性光芒的互相吸引，都是同樣的道理。

若你因為自己受到女人的吸引而感到不自在，這表示你或許對自身的陽性本質感到不適；假使女人成為吸引你陽性那一極的對象，會讓你覺得是在貶低女性，這表示你或許否定了自身的陽性核心。

譴責並壓抑你與生俱來的純真慾望，等於是在能量層面上讓自己去陽性化——你否定了自己的性本質，而不是對它感到自在。

譴責並壓抑你與生俱來的純真慾望，等於是在能量層面上讓自己去男性化——你否定了自己的性本質，而不是對它感到自在。

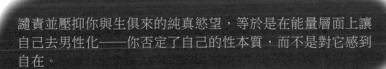

受女性吸引卻產生負面態度，這是恐懼的徵狀。

你大概是從哪裡學習到這種吸引力是「壞的」或「邪惡的」的認知。然而，你受女人——各種女人——吸引，是很自然、正常且美麗的。事實上，正是這種慾望的某個面向，最終將帶領你獲得真正的靈性自由。

你對女人的慾望，正表達了渴求愉悅地融合為一體（oneness）的某種層面。能夠坦然承認這股慾望，才代表你能夠坦然面對擁抱生命的慾望。擁抱生命、在融合而為一體中放鬆、所有的對立（包括陰陽）都在愛裡統一，正是在獲得靈性的自由。最後，你會明白所有慾望都是你奉獻愛的天性衝動的某一層面，所以，受到女人吸引，自始至終皆可視為你內心本質的展現、你對愛與融合的慾望。

「　」「　」

如果你是具陽性性本質的男人，任何散發陰性能量的人事物，都會讓你感受到性兩極的吸引力。你甚至有可能光在一天之中，就會多次從不同女人的身上感受到這樣的吸引力。

享受這份喜愛的感受吧！

女人是生命的祝福！

即便是非以女性形態表現出來的陰性能量——有著翠綠密林的熱帶小島、一杯冰涼啤酒，或者你最喜歡的歌曲——都能夠在沉悶中帶來令你由衷發出「啊」一聲讚歎的狂喜。

能夠接受性吸引力（就算是對音樂或某個地方），是因為我們擁有與生俱來、經驗肉體愉悅的能力——不過，性吸引力與做愛是完全不同的兩碼子事。

選擇與女人發展親密關係，與僅僅受到她所散發的能量和光芒吸引，是十分截然不同的。親密關係，是你們渴望委身於互相關愛和奉獻而做出的一種抉擇；性吸引力，是陽性核心和陰性能量之間的自然流動，由不得你或她決定，也不管你是在哪裡與這種陰性能量相遇。

當一個女人在她的陰性光芒裡自由自在，她就是那美妙的音樂、她就是那和煦的春風，而且你不必跟她做愛，就能夠品嚐到那難以表達的喜悅。

如果你跟大部分的男人一樣，光是遇見一位光采動人的女性，就足以「照亮」你幾個小時，甚至好幾天，那麼請記住，**她在你身上所勾起的慾望本身就是一種賜福**，至於你是否要依據這樣的慾望進一步去追求她，那就是另外一回事了——得看追求她是否能對你們彼此有所幫助。不過，光是感受到一位耀眼女人之吸引力的純粹鼓舞，就是大自然給男人的恩賜——陰性祝福的贈禮。

下次當你遇到令你身心一震的女人時，請放鬆在這樣的振奮感當中，讓她的陰性能量之浪像深層按摩那般在你體內流動。

> 性吸引力與做愛是完全不同的兩碼子事。選擇與女人發展親密關係，與僅僅受到她所散發的能量和光芒吸引，是十分截然不同的。

飽滿地深呼吸，不要抗拒她帶給你的喜悅，把這份喜悅吸進你身體的每一處，直到腳趾。不要盯著她看，甚至不必跟她有所互動，但當你遇見她、感受她的吸引力時，要讓這股能量自由地流過你的身體。

學著擴張並維持你的慾望，讓這股力量驅使你的身體和呼吸開放、變得深沉。

當你看見她時，請接受她那如夢般的美好存在，視之為祝福。

24 選擇與你相反且互補的伴侶

假使一個男人的本質非常陽性，他會受到非常陰性的女人所吸引，因為她能補充他的能量；如果一個男人很中性、平衡，他也會希望他的女人是中性的；要是一個男人更傾向陰性，偏陽性女人的強烈方向感和清晰目標會補充他的能量！

男人必須了解自己的需求，才能夠接納另一半的「一切」。如果你是較陽性的男人，那麼你就要能夠預期：任何可以令你亢奮、如沐春風的女人，相對來說也會狂野不羈、瘋狂混亂、三心二意和口不由衷，但從能量的角度去看，這樣的女人會比偏平衡、中性的女人對你更有啟發性和療癒性——儘管平衡、中性的女人比較穩定講理、令人信賴，也比較能夠用你可以理解的方式去表達她自己。

你可能曾經遇過一位乍看之下迷人極了的女人，後來發現她的情緒難以捉摸到讓你不想要去處理。她超級性感，卻有點瘋瘋癲癲，說起話來朝秦暮楚。

你或許也遇過一些十分講理又非常值得信任的女人，她很少三心二意，你們談得很來，而且不會讓你對這份感情感到沮喪。你雖然喜歡她，也享受和她共度的時光，不過她比較難勾起你的激情——我指的是像前一種女人那樣。

雖然那種女人常常打臉自己，說過的話過一個下午就不用再信，但她的舉手投足對你來說卻有無比的魅力。

「為什麼女人就是不能像男人那樣呢？」許多男人心裡都會這樣納悶。可是，如果你是更偏陽性性本質的男人，那麼，正是女人最不像男人的那些地方，對你更具性吸引力。

女人的陰性光采推動她身體的能量，使她散發出令人如沐春風的率真和神祕，更不用說那令人心曠神怡的迷人微笑，全是吸引你的地方。一個女人的內在核心愈陰性，自然就會愈少流露出陽性的特徵——有條有理地清楚說明自己的思想和慾望，而非以表達當下的感覺為主。

具備更多陰性性本質的女人可能這一刻才說她愛你，可一旦你做了什麼連你自己也沒察覺的事情，她就會說她恨你。

然而，這正是陰性特質的美麗之處，對她來說，比起由言詞和事件所組成、井然有序的陽性框架，你們的關係和感覺的流動性更為重要。感謝上天創造這樣的女人，她們不會對那如海洋般的深邃情感激流感到歉疚。

你總是會被性本質互補的那一極所吸引。如果你本身更傾向陰性本質，那就容易受偏陽性女人的吸引，你或許也看過這樣的情侶。男方比女方更加明媚且活潑，而女方比男方更投身於她生命的目標；男方比女方更在意他們的關係，而女方大部分時間喜歡獨處——這就表示男方更具陰性特質，而女方的陽性特質比較強烈。

對具陽性性本質的男人來說，正是女人最不像男人的那些地方，對他更具性吸引力。

至於性本質偏中性的男人，會喜歡同樣較中性的女人，既不特別陽性，也不傾向陰性。這種類型的情侶可以天南地北地聊任何事情，他們很喜歡一起談天說地，彼此分享嗜好、朋友，甚至事業的目標。

雖然在這樣的感情當中，同樣充滿了關愛，但比起高度兩極化的情侶，他們在性愛方面顯然就比較沒有那麼熱烈，我們很少會看到這樣的情侶激動地朝著對方大吼、互擲枕頭、糾纏扭打在一塊，接著在原地熱切地與對方做愛。

如果缺乏對自己性本質的理解，你有可能會讓自己和另一半失掉極性，形成表面中性、平衡的關係——**實際上你們並不是**。

只有大約百分之十的情侶是真正的中性情侶，另外百分之十的情侶則是屬於陰性男人和陽性女人的結合。

如果你們是那百分之八十的情侶類型，那表示你具有陽性的性本質，而另一半則是陰性。換言之，她的陰性作風既能令人沮喪發瘋，也能夠點亮、照耀你，並勾起你強烈的性趣——如果她僅僅只是中性的老朋友，你就不會受她這種影響。

在一段關係裡，情侶決裂的主因之一，就是錯誤的去兩極化（也可說是錯誤的中性化）。一旦出現這種情況，令你煥然一新的性激情力量會削弱，但是激怒你和你另一半的事情還是一樣的嚴重。

所以，要讓關係維持的祕訣是：請不要想去改變另一半那令人懊惱的陰性作為，**而是幫助她培養陰性祝福的深度**，以及使你煥然一新的力量。

只有大約百分之十的情侶是真正的中性情侶，另外百分之十的情侶則是屬於陰性男人和陽性女人的結合。

如果你和大部分的男人一樣，你或許會對另一半最令你懊惱的層面日漸麻木，而變得很難去欣賞她陰性能量的完滿整體。她之所以不再讓你發瘋，是因為你不再對她認真，也許你表面看似很專注，但其實你並沒有真正去傾聽她那沒完沒了的東拉西扯；你或許每天會貫注她一丁點的熱情，但卻只是為了安撫她無止境地要求更多親密的時光——你真正想與她在一起的時間，根本就遠不及她所渴求的。

如果你真是如此，這實在是大錯特錯了。

陰性，是愛、靈感和力量無窮盡的泉源——不管是在肉體或靈性上，陰性女人與大自然的連結方式，跟更陽性的人（例如你）是很不一樣的。或許從男人的角度來看，女人是那樣的狂野、難以信任，甚至是不負責任，但這種特質的人本就無拘無束，不像陽性那樣需要活在由理性和控制管治的世界中。

更具陰性特質的女人，更能夠自由感受那自然活力的流動，也更自由自在地被能量之流驅動，那都是大部分男人（包括你）所無法感受的。她們自由釋放身體，讓心靈之流沒有阻礙的周遊，並不受目標和結構的控制和指導。陰性女人自由地被愛、被生命本身所推動，大部分的男人其實非常珍視這樣的特質，因為目睹女人的身體在狂喜高潮中自由表達，是他們所看過最美妙的景象之一。

許多男人甚至願意花錢去觀賞女性心醉神迷的美妙景象，就算那一切不過只是她所假裝出來的——比方說色情影片。在我們世俗的文化中，大部分的男人只熟悉性愛的狂喜與高潮，他們願意自掏腰包去觀看的，正是性愛中女人的自由身體表達——不論是在電影裡、在舞臺上，以及世界各地的隱蔽房間裡。

然而，就算是在更注重靈性啟發的文化中，男人還是會對女人的身體歎為觀止，但表達出來的卻有所不同：女人不僅是能以男人難以理解卻魅力到不可思議的方式去表達性愛的狂喜，她們同樣能夠展現靈性上的高潮，而男人也要以更敬畏的心理去欣賞。

舉例來說，印度神廟的舞姬，傳統上來看都是女性。她們從小接受訓練，舞步揉合了技藝和摯誠的奉獻精神，她們敞開身體接受神聖能量的驅動，常常令觀看的男人感動到熱淚盈眶，心靈也為之敞開。

一個能夠在陰性本質裡自由自在的女人，也是能夠在能量裡自由自在的女人，不論是在性愛上，或是靈性層面上——對她們來說，性愛和靈性並沒有區別。這樣的她若與值得的男人在一起，她在性愛裡臣服，並無異於虔誠的獻身或靈性臣服，她深深敞開自己，從頭到腳地接受神聖的愛之力量，曼妙地在無邊無際的流動中起起伏伏。

偏陽性或性平衡的女人較少容許身體這樣的自由表達。然而，恰恰好是陰性女人這種狂喜表達，鼓勵了陽性男人掙脫思想和目標的理智世界，享受從肉體歡愉直達心靈極樂的美好時刻。

千百年來，男性被吸引去見證女性從身體體現的愉悅狂喜——無論是在脫衣舞秀，還是聖廟儀典當中。

然而，在這些情境裡，女人其實是被崇拜著的，他們對舞動中的女神高聲讚揚，那是他們在其他公眾場合絕對不會做的事。當這種情境攀至顛峰，那將是徹底的色慾，同時也是全然的靈性。男人在經驗過這樣的情境後，會被自由陰性所體現的祝福力量所啟發、轉化——這是女人陰性形態的一種獨特天賦。

這正是你從一個具有陰性性本質的女人身上得到的！這樣的女人在情感上亂七八糟、動不動就改變主意，對關係裡的微妙能量流動比你更敏感；她的身體表達既自由又美麗，令人在狂喜中感到悅樂和敬畏——無論是性愛當中或是在靈性層面裡。

然而，**你得接受她的一切**。你不能想要一個邏輯連貫、講道理又守時的女人，又同時要她隨時都能夠以身體去自由表達愛和狂喜，進而讓你的身心充滿能量，甚至延續一整天。一個女人如果願意，她當然可以合理地去運用她的陽性能量，但若她的核心是更陰性的，大部分的時間裡，她會更希望能夠在狂野的憤怒中或迷人的喜悅中起舞——超越對理性的需要。

因此，如果你決定投入關係當中，請選擇一個與你互補的伴侶，而對大部分的男人來說，所需要的是具有陰性本質的女人，因為只有這樣的女人，才能能給予你——陽性男人——所需要的贈禮。

但你同時也得明白，伴隨這個贈禮而來的，是大部分男人害怕的相對混亂和情感風暴，你得理解到，這是令你興奮的能量的另一個特質。事實上，你可以學著去欣賞她的怒火之舞，就如同你喜歡她性感的嬌哼——這樣的能力，是你可以送予她的贈禮之一；你可以學習在她所流露的情緒裡自由自在、屹立不搖——不論是好情緒或壞脾氣，你都不會因此而離棄她，或因為心裡感到厭惡而採取割裂的態度……你可以應對她強大的能量並保持屹立，穿越風暴地愛她，你會擁抱陰性能量的全部展現——不論是陰暗或光明的她。

選擇在性本質上和你互補的另一半，你才能在你們的關係裡幸福快樂；當然，你要能夠同時擁抱對方的陰暗和光明面，你們的關係才能夠很好的維持下去。要擁有這些技巧和力量，是需要時間的，然而你將可以學會為你的另一半、為這個世界奉獻上這樣的一個男人——他的天賦才能絕對不會因為害怕陰性力量和混沌而有所保留。

你可以學著去欣賞她的怒火之舞，就如同你喜歡她性感的嬌哼。

25 找出關係中對你而言最重要的事

陰性是生命力。一個男人愈是傾向陽性，另一半的陰性能量對他來說就愈重要，遠遠勝過其他特質。

如果你打算找女性合夥人，你或許會希望她具備某些特質，像是對財務精明、可靠、遇到困難時能堅持到底。如果你想結交女性朋友，你會期待她誠實、有同理心、幽默和懂得尊重他人。如果你要找另一半，你會希望她是個能自由體現和表達陰性能量和愛的女人。

你愈想找一個能給予你一切的女人，你能得到的就愈少。商業才能出眾，整體上來看是陽性的技巧（不管男人或女人都一樣），友情是中性的事，無關乎性吸引力，然而，性激情則需要你的陽性核心和女性的陰性能量之間清楚分明的兩極，若你不優先考慮清楚關係裡的這個目標，這些性質相異的能量將會互相抵消，而只剩下性平衡的夥伴關係。

惟有先選定一個優先目標，並且讓其他活動配合你們走在一起的這個主要目標之後，你們才有可能去分享親密關係的更多其他層面——比方說事業、友情、養兒育女和性生活。如果你不弄清楚什麼才是最重要的，那麼，你們關係當中的每個層面都將會互相衝突。

她渴望談性說愛時，你卻想衝事業；她想分享今天發生的點點滴滴時，你卻想做愛。結果你們都放棄真我真正的慾望，你們的感情也漸漸降格為只具功能性的平庸夥伴關係。隨著時間的推移，你們的性兩極和對彼此的吸引力會減弱。你開始會把注意力轉移到其他女性，在她們身上感受那令你煥然一新的陰性活力泉源——這正是你在親密關係裡所親手扼殺掉的，因為你要求你的女人承擔所有的角色：一會兒要當事業夥伴，一會兒當朋友，一會兒又要扮演母親，然後還要當你的愛人……在這樣含糊不清的關係中，那個最初把你們倆連繫在一起的深層內在天賦會一點一滴的遺落，終至不復存在。

在有些文化和年代裡，男人（或女人）可能會有多個親密伴侶，而每個伴侶都負責不同的目的，貢獻自己的技能、功能和性能量——然而，這種多配偶的制度如今已非可行的選擇。因為社會及心理因素，如今絕大部分的男女都希望把親密關係限定在一個堅貞的伴侶上——當然，如果你和大部分的男人一樣，你肯定也抱過一夫多妻或至少有一、兩位情婦的幻想，她們每一位都滿足你在關係中想達到的不同目標。

正是因為你期望親密關係能達到這麼多不一樣的目標，才會讓關係走向功利主義，你會和她經常討論金錢、工作、家事和孩子，你把你的女人變成性中性的朋友了。你們變得太熟悉彼此，性激情的美妙變成了例行公事：親吻、愛撫、衝刺、高潮，然後呼呼大睡。

你會開始渴望去尋找你曾經在她身上感受到的慾望深度，而現實情況卻是：家庭生活取代了那神祕與美妙，討論取代了相擁翻滾。可是，若你具有強烈的陽性本質，你會需要經常感受強大的陰性能量來讓你煥然一新，否則你會活得死氣沉沉，覺得生活是你肩上的重擔。你或許會嘗試透過一些活動去感受讓你為之一振的陰性能量，例如喝幾口啤酒、打高爾夫球、翻色情刊物，又或許你更想要來一次深層按摩、到海灘漫步……可惜的是，這些方式雖然能讓你暫時放鬆，卻很難像熱戀中光芒四射的女人散發出的陰性性魅力那樣，深深撼動你的身心。

只有你能決定你們關係中的首要目標是什麼。如果你的目標是激情地交流愛、在性能量裡讓彼此宛若新生、透過攜手投身靈性覺醒來修練心靈，那麼你一定要小心：不要逼你的女人做你二十四小時的會計；別期望她像個專業顧問幫你解決財務問題；不要只顧那些日常瑣事，而忽略了經常透過身體表達、交流愛……千萬別把她的陰性能量壓縮到只具功能的地步。她有能力讓你的心甦醒、讓你的身體充滿生命力，可是你得給她機會啊！你也得在你們的交流中奉獻上圓滿的陽性之愛。

如果你渴望你的女人成為你靈性和性愛上的佳偶，而不只是同居人，你必須懂得巧妙安排家事和生計，以避免你們融合的潛能消退。她當然可以是孩子的母親、你的事業夥伴，只要這些角色**不會削弱你們關係的優先目標**：堅定不移的獻身於愛，彼此扶持互相啟蒙，以及透過性兩極以身體交流愛，從而令對方的內在核心振作煥發。

當愛的兩個層面——靈性覺醒和性愛交流——因為日常瑣事而變得衰弱，你和你的另一半可能都會開始從其他管道去追尋，好讓自己能夠精神煥發和圓滿：你或許會在啤酒和其他女人（劈腿、外遇）裡找尋陰性能量，你的女人或許會透過社會公益或陽性風格的職業來追尋陽性方向，至於你們的關係，則會降格為共同承擔家庭責任的夥伴。這也許正是你想要的關係，也許不是。無論如何，你都必須清楚知道你們親密關係的目標是什麼，讓其他活動都配合這個優先目標，如此才能增加對你們彼此都有利的潛能天賦，鞏固好你們的親密關係。

如果你渴望你的女人成為你靈性和性愛上的佳偶，而不只是同居人，你必須懂得巧妙安排家事和生計，以避免你們融合的潛能消退。

26 真實的你會渴望不只擁有一個女人

任何具陽性本質的男人都會渴望性愛的多元化，即便他深愛著他的另一半，全心的投入並且此生不渝，他的內心仍難免還是會渴望與其他女人親熱，這是很自然的。

一個男人如何處理他對其他女人的慾望，是由他自己來決定的，他必須明白這是無法避免的慾望，但他同時也得知道——雖然依循這樣的慾望去行動確實可以暫時令自己煥發振作、感受一時的爽快，但結果往往會把他的生活搞得更為複雜。

得不償失，很不值得。

即使你全心全意地忠於你親密的另一半，你可能還是會偶爾幻想自己跟其他女人做愛的場景；即使你和另一半分享圓滿的性愛，你可能還是會有和其他女人做愛的慾望。

不過，即使你正處在一段親密的關係當中，對其他女人產生慾望也並不表示你目前的關係有什麼缺陷，這不過是反映了陽性本質的特性。

然而，**這股慾望並不能是你濫交的藉口**——正如享受電視節目並不能成為你賴在電視機前害自己愈來愈痴肥的藉口。

慾望的根源有百百種。

比如說，你可能有性成癮的問題、你天生的生物遺傳因素、童年時期的經歷所帶來的影響，以及開放的個性等等。而要把生命活得正直健全，你一定要懂得分辨慾望的來源，以便你清楚知道什麼時候應該控制好自己的行為，這是為了所有人好，包括為你自己好。

現實是，你或許的確想跟你另一半之外的女人做愛，而你如何處理這樣的慾望，正好反應了你的生命目標。

如果你不顧任何後果也要享受肉體歡愉，你肯定會和許多女人上床；如果你喜歡像個好孩子被另一半照顧，你會盡力做好能讓對方開心的事；如果你希望能解放自己和他人，邁入愛與自由，你便會想盡辦法去拓展愛和自由，不論是對自己的生命，或是會受你影響的人的生命。

這是你的使命，只是要記得——

自律並不等於壓抑自己。

壓抑，指的是你抵抗慾望，盡可能地埋藏它們，不讓它們被表達出來；自律，是以你最高的慾望去管治較低的慾望，**你並非試著去抵抗，而是基於理解和同理心去做出愛的行動。**

自律並不等於壓抑自己，自律，是以你最高的慾望管治較低的慾望。

你想要跟多少女人做愛是你的事情，然而在這之前，你最好先證明自己有足夠的能力應對好一對一的關係。

如果你連一個對象都搞定不了——你們的親密關係缺乏深刻的融合、缺乏能使彼此煥然一新的激情、更缺乏靈性上的幸福感，那表示你根本就沒有通過考驗，為了大家好，勸你最好學會自律，管好你自己的慾望，否則所有人都不會好過。

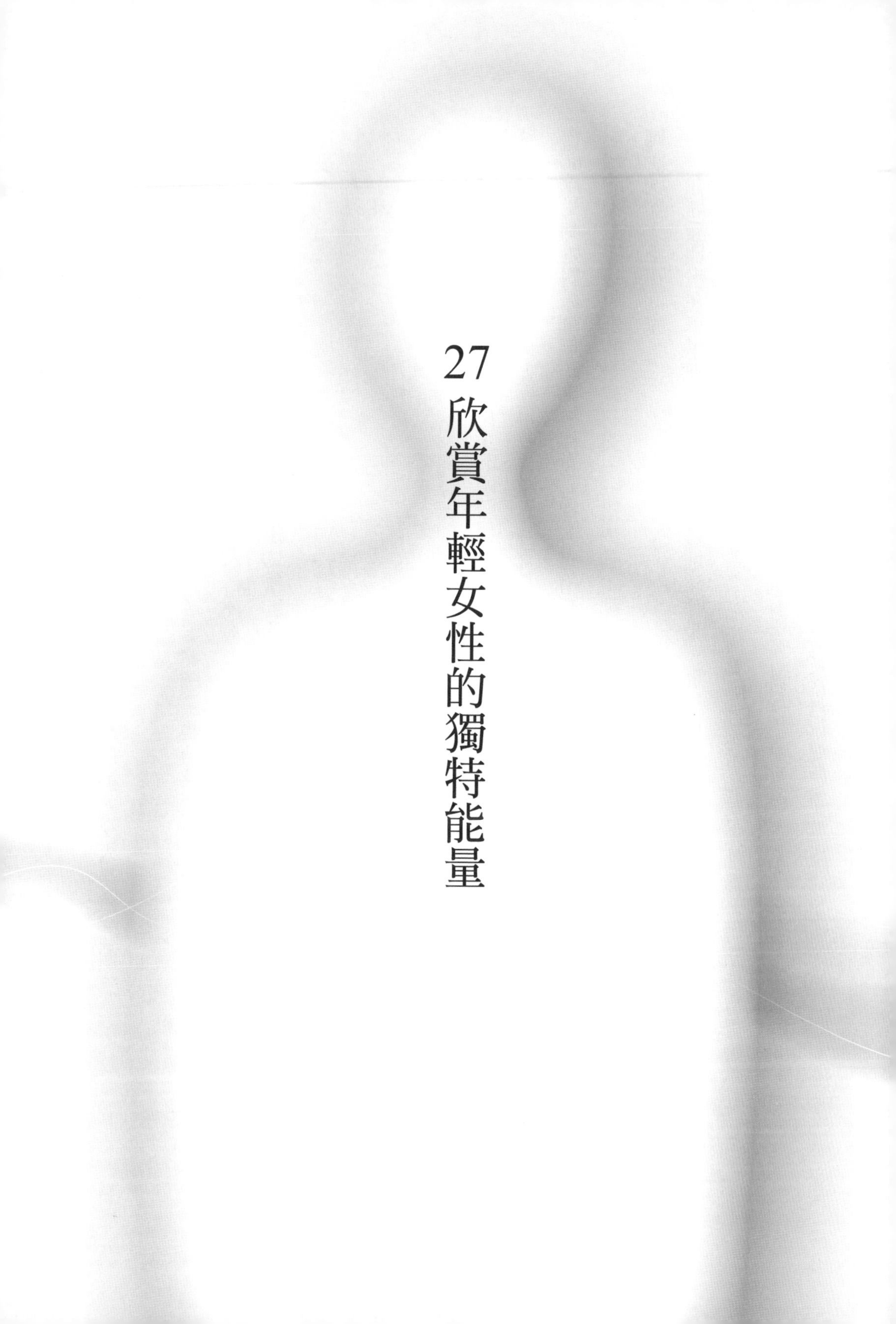

27 欣賞年輕女性的獨特能量

一般而言，女人的青春意味著光芒四射的、暢通無阻的、令人煥然一新的陰性能量。

在年輕女性身上，比較少看到長年生活需要所築起的層層陽性功能保護層。普遍來說，年輕女性能提供讓男人精神為之一振的能量；較年長的女人當中，當然也有人能維持、甚至加強這種能量的新鮮和光芒，只是這個情況比較少見。

想像某天晚上你開車送孩子的臨時保母回家（美國法律規定不能獨留幼童在家，如果父母有事出門，就需要請個臨時保母陪孩子幾個小時，通常臨時保母都是年輕女性），她十八歲，青春、天真又充滿活力，你能感受到她對你毫無防備。你在心裡考慮所有後果，你看著她光潔的肌膚、清澈的眼神和不可思議的美麗笑容，她的一顰一笑、一舉一動，都讓你愉悅舒暢、充滿能量。車子駛到她家門口，她說晚安，下車回家。

你靜靜地坐在車子裡好一會兒，緩緩地深呼吸，嘴角揚起微笑。

與年輕女性相處會有一種很獨特的感受，任何具陽性本質的男人都懂。她讓你覺得煥然一新、甚至覺得自己也變年輕了——光是坐在她身旁，就足以讓你感到快樂並充滿生命力。你們之間或許一點交集也沒有，但沒有關係，是她的能量令你喜悅並激發你。

未因現實妥協的、年輕的陰性能量令你興致勃勃，讓你打開心靈。跟年輕女性在一起，你實實在在地感到快樂，覺得更有能量、更有朝氣，而且更充滿了愛。在我們的文化中，女人隨著年齡增加，通常要背負、承擔更多的陽性職能和責任，導致她們的光芒減退；在其他一些文化裡則不然，女性會保持甚至強化她們的光芒和魅力。然而，即便是在這些更具智慧、進步的文化中，人們同樣明白年輕女性所能帶來的某種清新、未經妥協而得以完全展現、使人神采飛揚的獨特能量。

可惜的是，我們的文化卻將這樣的年輕能量降格為性，而戴著有色眼鏡去看待，但實際上這是全身能量的流動，它觸動心靈不下於（甚至是勝於）打動性器官。某一些文化會崇拜年輕女性那能使人煥然一新的天賦能力，因此在神聖的場合能看到她們的神聖表演，那不是僅為了使男人著迷的性挑逗。

身為男人，你有推崇年輕女性使人心煥然一新之天賦的責任，絕對不可以把自己的性慾強加在她們身上，而玷汙該有的尊重。

如果性慾被撩起，好吧，試著讓這股慾望在你的體內運轉，學著拓展慾望而無需一下子釋放出來。所謂的駕馭性愛，主要就是學習在體內維持愈來愈強烈的快感和慾望，而且不會因為無法處理而急於釋放。

當你真的因為一個年輕女性而感到神采奕奕時，把她的芬芳、把她的能量吸入體內吧。放鬆身體，讓你的心在她所展現的氛圍裡敞開；讓她的美麗透過你每個毛孔，流入你的身體，並容許愛由你的心向她發散。

所謂的駕馭性愛，就是學習在體內維持愈來愈強烈的快感和慾望，而且不會因為無法處理而急於釋放。

不過，你要保持尊重和禮儀，好讓她能夠放鬆的自由自在，使她可以展現她的天賦，讓事情不會受你個人的想法所影響，進而變得曖昧。

最後，請以她贈予你的能量來服務他人，把她傳遞給你的生命力和包容轉送到你的所有關係裡，讓他們也因為你從這位正散發著青春的天賦、未經妥協地完全展現光芒和生命力的女性，所得到的喜悅而受益。

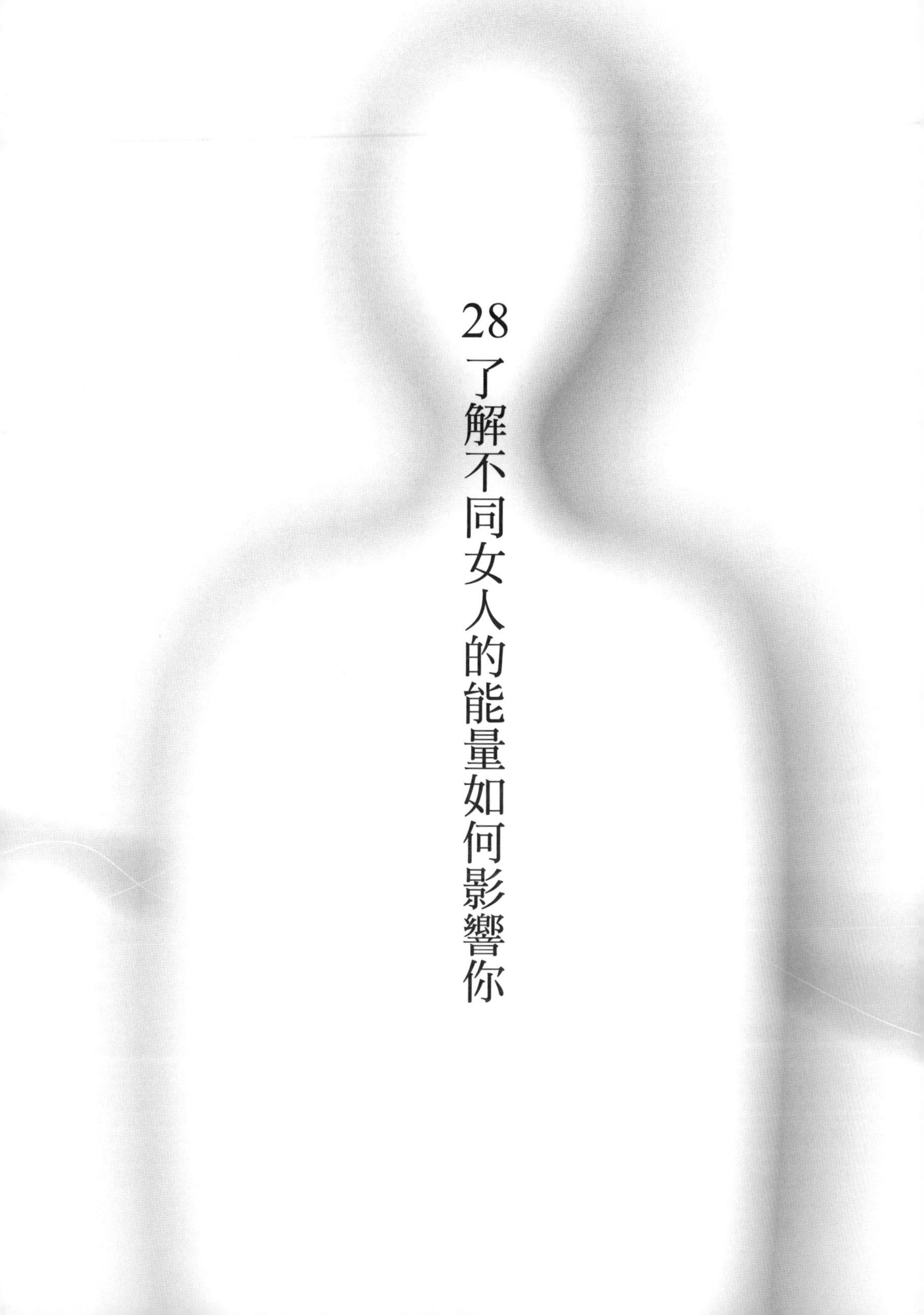

28 了解不同女人的能量如何影響你

有些女人比較熱情奔放，有些則比較高冷。從總體上看來，金髮白膚的女性、日本及中國的女人比較冷淡，膚色偏深、棕髮與紅髮、韓國及玻里尼西亞的女人比較熱情。

儘管男人選擇只和一個女人維持忠貞的親密關係，但他對於不同熱度的陰性能量需求，可能會隨著時間的推移而改變。幾年前激發他激情的熱辣女子，現在卻常常激怒他；幾年前能撫平他心靈的冷靜女子，現在卻常讓他感到沉悶。

男人要理解不同熱度的陰性能量如何影響他，如此一來，他才能夠更有技巧地抉擇而不感到困惑。

對於女性，你可能有偏好的「口味」，也許是金髮女郎，也許是亞洲女性，也或許你對紅頭髮的女性特別有感覺。

這些偏好形成的原因有許多，包括童年經歷、文化影響，也許甚至是基因。不過，喜好的其中一個層面，是不同女人的能量如何影響你。

有些女人能使人平靜下來，與她們相處就彷彿在炎夏裡喝上一杯涼快的冰茶。你可能曾經形容過某個女人是「冷冰冰的金髮女郎」或擁有「一雙冷冽的藍眼睛」。

有些女人熱情洋溢，她們性情似火、情緒千變萬化，你可能會用「一頭火辣的紅髮」或者「熱情洋溢的拉丁女郎」等字眼來形容她們。

當然，並非所有的紅髮或拉丁女性都熱情如火，也不是所有的金髮女郎都冷若冰霜，不過，這恰好證明了——每個女人擁有她自己的「熱度」。大部分的男人都能靠直覺明確判斷出當中的差別：讓人平靜的冷靜女子和令人激動的火熱女郎——即使他們所用的形容詞不同。而這樣的熱度差異，對於男人為什麼對女性有不同的偏好，以及這樣的偏好又何以會隨著時間而改變，其實至關重要。

決定你對女性的「口味」的，不只是心理層面的偏好，能量也有莫大的關係。你可能會有機會與一位漂亮的女性相處，但她就是不適合你，你知道她很美，也明白為什麼朋友都覺得她很有吸引力……可是她偏偏不是你的菜。

不同的女人能給予的陰性能量不同，其中一種最簡單形式的區別，就是能量的熱情或冷淡之差。

為了讓你更了解這一點，我們可以拿男人與食物的關係做比喻。

有些男人喜歡墨西哥辣椒或麻辣的川菜，而有些男人喜歡清爽、讓人平靜的食物，像是沙拉、甜食或牛奶。就像任何男性對於食物的需求可能隨著時間而改變一樣，他們對於陰性能量的需求也會改變。

如果你是一個性格特別隨和的男人，抑或很難被人鼓舞、推動的男人，那麼熱情如火的女人或許更適合你；她火熱的本性可以令你的系統加熱、使你發動。反之，如

不同的女人能給予的陰性能量不同，其中一種最簡單形式的區別，就是能量的熱情或冷淡之差。

果你本身就是個性急躁易怒或常常「腦袋發熱」的人，你會發現，一個文靜的女人能更有效地帶給你療癒，讓你的身心恢復平衡。

根據你的健康狀況、生活方式、工作需要和情緒狀態等等因素，你在不同的時間可能會需要不同的陰性能量。重點是你得清楚當中的差異、要覺知你所做的選擇及其如何影響你。

如果你不明白自己對陰性能量的需求是怎麼發生變化的，你可能會開始質疑目前的親密關係。當生活變得枯燥刻板時，熱情如火的女人可能會更吸引你——能提供你欠缺的火熱；然而，要是你的生活已極富挑戰性，幾乎到了令你筋疲力竭的地步，火熱的女人會讓你吃不消，所以你會渴求嫻靜的女性來帶給你平靜的凝視和輕撫。

試著想像你與一個火熱的女性走入婚姻。多年來你一直享受著她的激情、也很能從她的憤怒裡找到逗趣之處，並因為她能在性愛中迅速火熱起來而感到喜悅。

後來，你轉換工作跑道，你需要和很多人共事，一直在追趕緊迫的截止日期；一個禮拜五十個小時，你都要處理他人的情緒和不合作的態度……你發現自己整天流汗流血的忙，壓力大到活像被人用槍指著頭，你的生活變得水深火熱，彷彿整天都活在壓力鍋裡。

根據你的健康狀況、生活方式、工作需要和情緒狀態，你在不同的時間可能會需要不同的陰性能量。

你返家回到辣妻身邊，她在你身上蹭來蹭去，迫不及待地邀你進入下階段的激情，可是，你很想要放鬆一下，所以你告訴她你需要片刻的休息。於是她換上運動服，出門去做SPA，好好緊緻飽滿柔軟的身子。碰巧這個時候，她的閨蜜來訪，於是你開門讓她進屋。她的一舉一動比你的妻子溫和，這樣的氣息和氛圍讓你感到平靜、舒服又放鬆——雖然她其實不是你會喜歡的類型或感興趣的女人。

這個女人的聲音讓你精神為之一振，她看得出你很疲憊，你們已經認識好幾年了，於是她提出幫你按摩肩膀的建議。

光是她把手搭在你的肩上，你就已經感覺到一股令人平靜、舒服的能量湧入你的體內——她甚至還沒開始按摩呢！你放鬆地輕歎一聲。她簡單地按摩了幾下便向你告別，說改天再來拜訪你的妻子。

你的妻子回來了，渾身能量充沛，並開始在家裡忙上忙下整理家務。她對著你叫嚷，說為何沒請她朋友留下來等她。然後，她看出你的疲憊了，於是向你道歉，並給你一個熱情的深吻，雙手很快地往下探索你的身體，可是你心裡還掂念著她的朋友，還記得她的能量是如此清新而令你煥然一新，並開始想著到底該怎麼做。

你應該做的是：**正視並理解現在到底是發生了什麼事**。

過去你真的非常享受辣妻的熱情如火，只是現在你的工作忙得你滾滾沸騰著，實在需要如冰泉般的能量來平衡一下。不過，這並不代表你要結束這段婚姻，也不意味著你得去和她那個冷靜的朋友上床——這表示**你需要想辦法平衡你自己**。

你可以改吃清爽降火的食物，你可以做些什麼保持身體涼爽——在大太陽時戴帽子出門、穿著更輕爽、透氣的衣服；你可以沿著湖邊或河邊散步來使自己平靜，就讓涼快的湖水吸收你積累了一天的熱能；又或者你可以直接從女性身上接收這股寧靜的能量——不必涉及性愛，比方說找一位具平靜能量的女按摩師去放鬆一下，有些時候，你需要的只不過是短暫地與有這樣能量的女人共處一室。

不論如何，最重要的是你得明白自己在一生當中對能量的需求是會改變的。你必須要學習去正視且應對這種需求，並且也要明白，不要把能量需求的改變誤認為需要結束婚姻。**你大可以通過完全不涉及性愛的方式來接收不同女性的能量——如果你願意的話。**

總結來說，你必須自己做決定。有的男人在能量有所轉變且妻子無法給予他當下所需的能量，卻可以從隔壁辦公室的一個女人身上得到時，他可能會外遇或與妻子離婚；然而，有的男人卻會向他的妻子坦白這種轉變和需求，然後驚喜地發現妻子能非常富創造性地提供最能療癒他、令他精神煥發的陰性能量。

切記，千萬別把你的能量需求和愛混為一談。能量需求相對來說容易平衡，你可以從女性按摩師或透過改變飲食來得到所需的能量，要是你採取過度的行動，為了找

切記，千萬別把你的能量需求和愛混為一談。

一個能量能讓你更有生氣的女人而決定離開妻子，幾個月後你可能驚訝地發現自己的能量需求再次改變，才體悟到自己做了一個膚淺魯莽的決定。

你需要特定的陰性能量，好讓你充滿生命力、治療你的傷痕，讓你奮戰的精神平靜下來，而你必須自己決定要如何處理你的能量需求。也請記住，除非在你的內在核心當中，你成長得愈來愈自由、開放且充滿愛，否則光是能量的煥然一新並不會帶來根本上的差異。

一杯冰涼的果汁、一趟夏威夷之旅或一位紅髮女郎也許都能暫時平衡你的生理和心理狀態，然而，惟有堅持不懈地獻身實踐愛，你才能夠克服恐懼、穿越割裂的感覺，進入存在的絕對寧靜和安詳當中，那也才是你的真我狀態。

別忘了你最優先考量的是什麼，然後才決定自己需要做什麼。

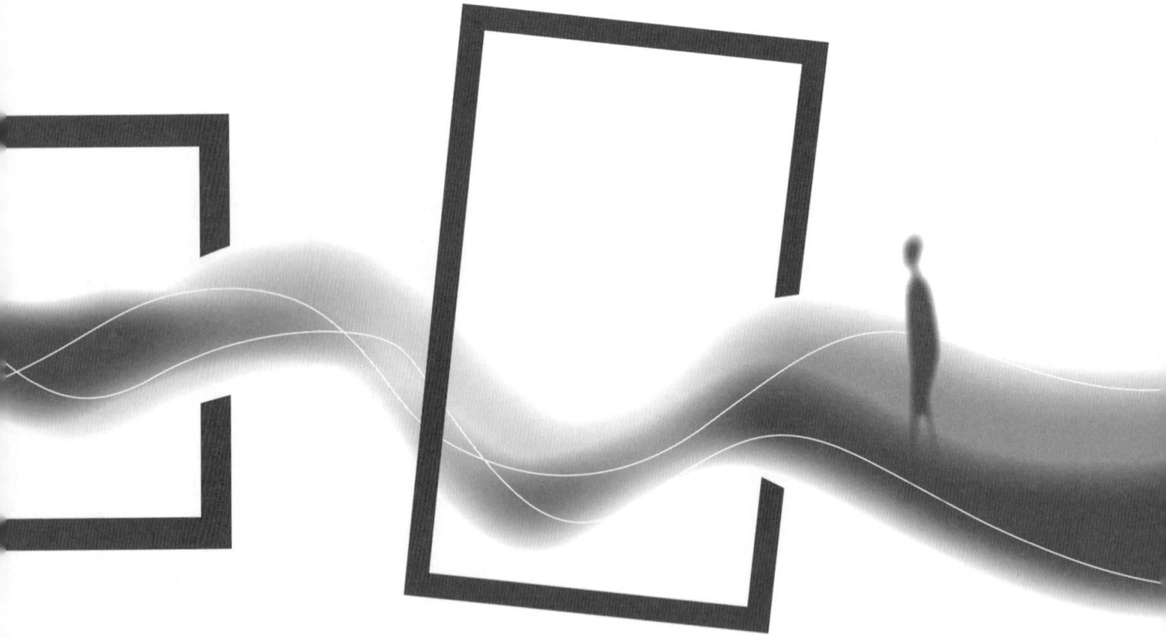

Part 4

女人真正想要的是什麼

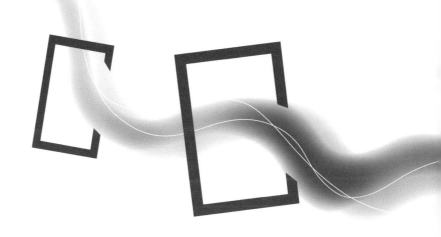

好好聆聽你的女人，把她當成一位神喻使者。
她的抱怨內容通常離題很遠——但當中卻充滿啟示。

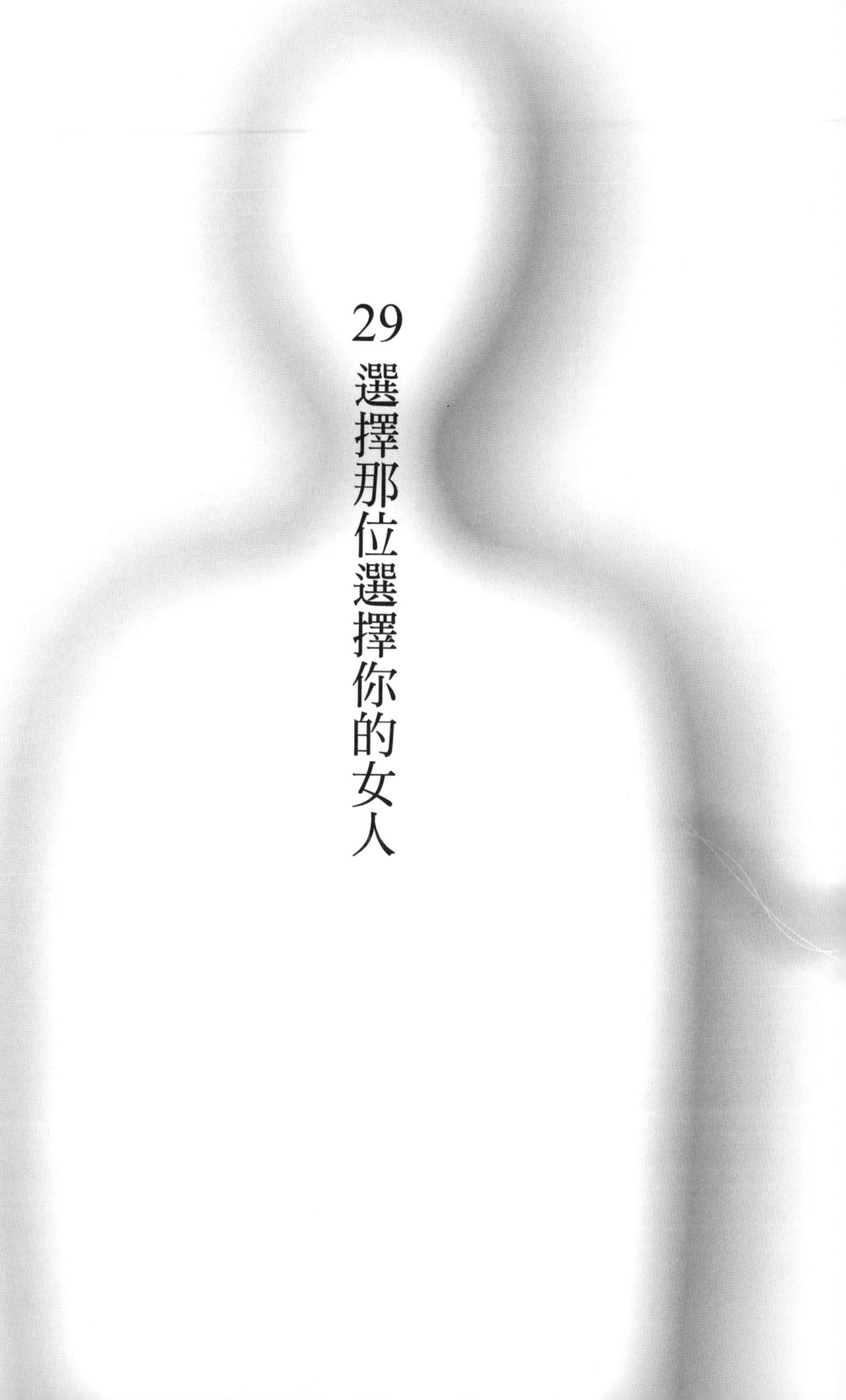

29 選擇那位選擇你的女人

如果一個男人渴求一個不想要他的女人，那麼，這段感情終究會沒戲唱。這樣的單方面渴求將會破壞任何可能的關係，而且那個女人永遠都不可能信任他。

男人必須懂得判斷：一個女人只是裝作高不可攀，實則在心裡渴求著他，還是她真的不想要他。

如果她是真的不想要他，他必須當機立斷，切忌死纏爛打，並且處理好自己的痛苦。

如果你陷入了這樣一個處境：你想和一個女人在一起，而她卻不想。那麼，你應該把這樣的情況告訴你的好朋友，請他們坦白跟你分享，從他們的角度來看，這個女人到底是想要和你在一起，還是不想。

如果你的朋友說她其實不想要你，那就表示你該放手讓事情過去了。

當一個女人真的不想要你時，你是沒有辦法和她一起分享美好關係的——即使她之後可能回心轉意，然而，一旦她感受到你的渴求、一旦她覺得你需要她更甚於她需要你，她將永遠不會信任你的陽性核心。

一個更偏陽性的男人，他的陽性核心優先考慮的是使命、目標和生命的方向，這是他一生至關重要的事情；相對來說，女性的陰性核心優先考量的是親密關係裡愛的流動，但如果她認為你比她還要陰性——也就是說，她發現親密關係對你比對她更重要——那麼她的陽性層面就會自然而然地強化。

她會需要更多的空間，她會需要自由來追逐生命中的方向和目標，並且可能會對你的依附、執著有所排斥。

追求一個你比她更渴求、執著這段關係的女人，你無疑是在讓自己受罪——當然，你得要先分得清她是「裝矜持」，抑或真的比你更不在乎這段關係。所以你才要詢問朋友的看法，甚至探探她的朋友的口風。

要是她真的不如你那樣願意在一起，你必須覺悟到這段感情並沒有戲唱。

這是因為在這種情況下，你們倆的兩極已經反轉了：你的陰性那一面渴求著愛，她的陽性那一面卻渴望自由。

然而，對具陽性本質的男人和具陰性本質的女人來說，這樣的親密關係根本站不

一旦她感受到你的渴求、一旦她覺得你需要她更甚於她需要你，她將永遠不會信任你的陽性核心。

住腳，所以不可能會有好結果。因此，你最好選擇放下，向前走，處理好自己的傷痛，這絕對會比繼續表露出你的陰性慾望比她的強來得好！

30 她嘴巴講的不一定是她所想的

有時候女人向男人提出一個清楚的要求，但她真正的目的不是要他按照她的話去做，而是測試他是否會太軟弱到真的去做了！換言之，她是在考驗他是否有能力做正確的事，而不是做她要求的事。

若是在這種情況下，他真的順從了她的要求，她會感到失望又生氣，而男人卻一頭霧水，既不明白她為什麼生氣，也不知道怎麼做才能討她歡心。

男人應該要明白，女人對他的信任並不是源自他實現她的要求，而是不管她要求什麼，他都能夠拓展愛與意識，讓雙方的生命邁向更大的成功。

我要分享一對夫妻的真實故事。丈夫的個性寡言敏感，他正在學習性愛瑜伽。這種瑜伽要求男人學習控制射精的衝動，並讓這股激發能量在體內及心靈循環，直至全身性的高潮，而不是在射精的一陣抽搐裡散失這股能量。他也正在學習表達他原始的激情，藉此改善他在性愛裡過於冷淡又被動的表現。

一天，他和妻子開車經過一座公園，他們一時興起，停下車跑進森林裡，在樹下的草地上開始一場狂野的性愛。他們從未嘗試過在戶外做愛，如今他們彼此抓攫、咆哮，激情又熱烈地交纏在一起，這是他們前所未有的性愛體驗。

突然間，他覺得若不慢下來幾秒的話，他就會射精。

「先稍停一會兒，」他告訴妻子說，「再這樣下去，我就要射了。」

她不但沒有停下，反而更加激烈。「我要你射在裡面，」她說，「我想要你射滿我。」

他在一瞬間做出決定，他要滿足妻子的願望。於是，他在她的身體裡釋放自己，放鬆了下來。可是當他低頭看向妻子，卻發現她一臉很明顯的不悅，他問道：「怎麼啦？」

「你射了。」她回答。

「妳剛才說要我射滿妳，不是嗎？」

「是沒錯，但我這樣說，是想看你夠堅強到忍著不射啊！」

他完全洩了氣，覺得自己的性愛瑜伽實踐一敗塗地。他明明知道那一刻不應該射精，但他順從了妻子的要求，結果她反而對此感到失望。當她說想要他射滿她裡面時，其實是想感受丈夫足夠堅強去堅定保持他覺得對的事情——也就是控制射精的衝動。比起順從她的請求，這能讓她更覺得亢奮、更具兩極性、更讓她對他感到信任。

就像這個實例一樣，你的女人可能會不斷地用這種方式來考驗你。她的終極慾望是感受到你的圓滿意識、感受到你值得信賴的剛毅、感受你堅定不動搖的愛和你對生命目標的信心。不過，她絕少會直接說出口向你索取這些東西，相反的，她寧願試著分散你對真我的注意力，卻又無法得逞——她想感覺你對真我的堅持不屈，卻同時深愛著她。

若你不夠堅定，女人這種「口裡說一套心裡想著另一樣」的陰性特質肯定會讓你很抓狂，你會納悶：「為什麼不能直截了當的告訴我，而是這樣心口不一，非要我去猜測呢？」

這正是不懂女人體現神聖陰性核心的典型男人心態。

神聖陰性非找到神聖陽性，否則誓不罷休。神聖陽性是意識，真正的男子漢，在任何狀態下都要維持圓滿的意識。如果射精會削弱你的圓滿、減退你當下的存在感、瓦解你的意識，那麼你就得控制這樣的衝動，尤其是當你的女人說想要你射時，你愈要有所控制。

你的女人每天都會要求你做各種事情。千萬別讓自己為此偏離真我、偏離心靈的方向，那些要求其實只是表面，她真正的慾望和需要是：想要你充滿激情的圓滿瀰漫著她、想要可以信任你堅定不移的愛、她希望深刻體會你神聖陽性的存在——強大到不為任何事分神偏離本心。

你的女人就像是一個不斷嘲笑你、考驗你、誘惑你的女神，她已隨時準備好，只要你顯露出軟弱、對真我含糊動搖，便會在盛怒中砍下你的頭。然而，她其實也準備好臣服於你深愛的力量——只要你能夠在愛的意識裡保持堅定、充滿智慧。你要明白，最能夠討她歡欣的，是你在愛、自由和意識裡充滿著力量。要是你為了順從她的要求和慾望而偏離了她所知道、你的最高目標，她會憤怒且對你感到失望——即使提出那種要求的人是她。

因為這樣，你得永遠保持最圓滿的意識去行動，並以你明察秋毫之劍刺穿女人的要求，別只看表面，而是以你最深的智慧去審視，同時繼續走在你的最高真理之路——即便這樣的選擇看似會讓你的女人失望。不會的，一旦她感受到你在心靈的正確方向上保持堅定、沒有動搖，她是不會對你失望的。如果她真的對你最深層的真我失望，那你就不應該和她在一起。

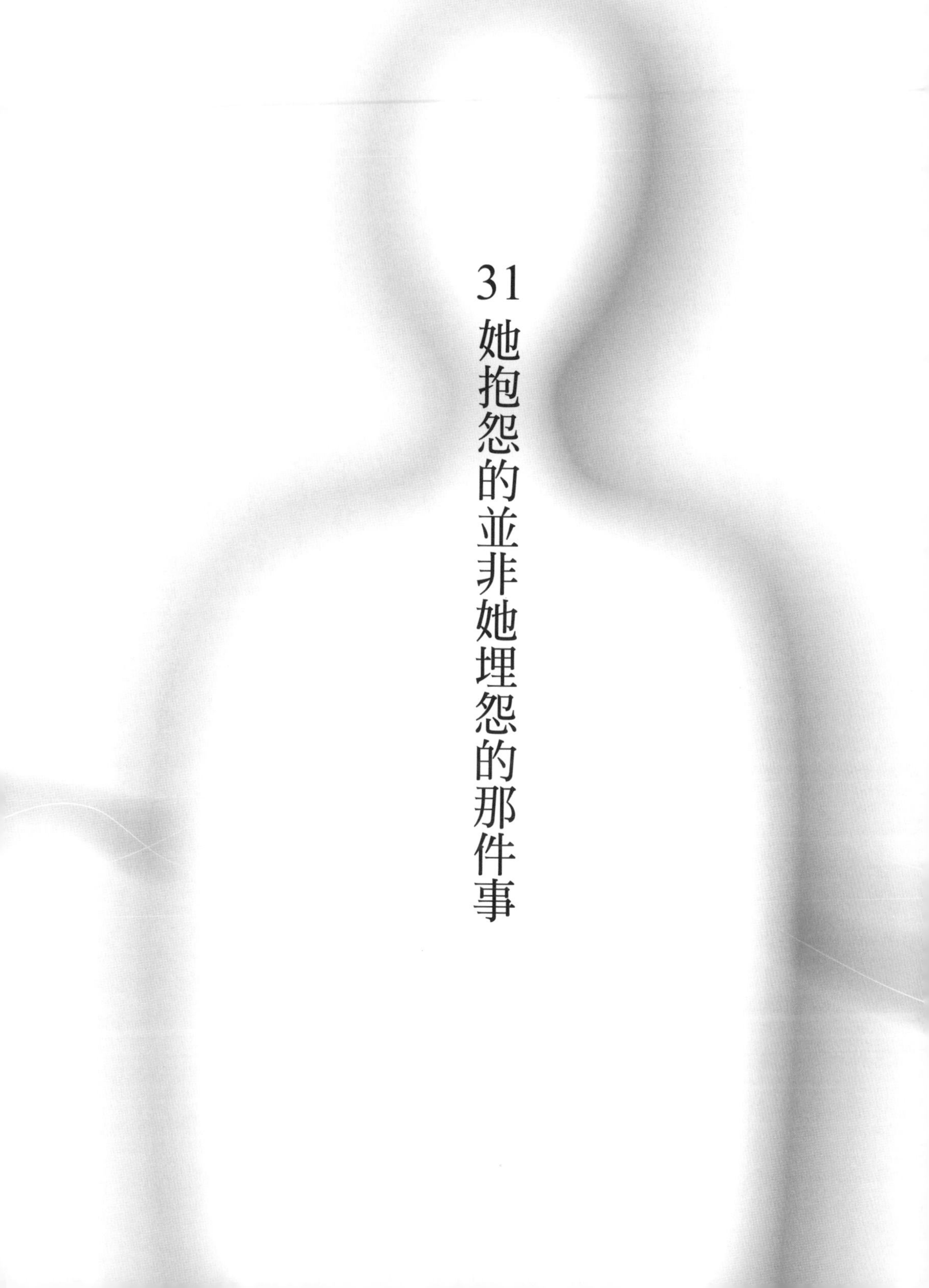

31 她抱怨的並非她埋怨的那件事

無論她有何具體的抱怨或情緒，女人總還是渴望著男人身上具備神聖陽性的存在感。因此，一名男子漢應該好好聆聽女人的抱怨，視之為警鐘，且盡己所能的使生命與其真我和目標一致。

如果他只根據她表面上說的字字句句去理解她的抱怨，他其實是搞錯了這一切。女人所抱怨的只反映了當下此刻的情緒，而非真的抱怨她經長期細心觀察而得知的男人的性格傾向，他應該把她的抱怨視為她在提醒他「振作起來」，或許也是在暗示他該怎麼做——不過更常見的情況應該是：她口中所埋怨的具體細節，並沒有正確地描述出他所需要改變的行動或是趨勢……

當你的女人說：「還有幾天就要繳房租了，這個月的車貸還沒有繳，你才剛丟掉工作，你怎麼還整天就只知道看電視？」

「別擔心了，我明天有一家公司的面試。」

「噢，你不要老坐著不動！從你上次說要整理車庫已經過好幾個星期了，現在車庫走道都快被淹沒了！」

「好啦，好啦！我下午就去整理。」

她不再說話，轉身去忙其他的事情，但是你彷彿可以聞到火山爆發前的煙硝味。你可不想跟這樣的她共處一室，所以打算逃離現場到外面走走。

「我幾個小時候就回來，到時再整理車庫。」你邊說邊抓起外套，快步朝門口走去。

你聽見廚房裡傳出打破玻璃的聲音，你轉身走了進去，卻見妻子怒不可遏地嚎啕：「我受夠了！」

「妳幹嘛？我不是說等一下回來就會整理嗎？有什麼好氣的？」

「我受夠了！」她邊大聲叫，邊推開你，封閉起自己，不讓你碰她。

「我不懂。我不是說了我會整理車庫，明天也會去面試工作，情況都在變好中。妳到底想怎樣？」

也許你跟你的女人也有過類似的對話。男性若想要在自由中成長，可以從這個情境當中找到一個關鍵，同時，它也反映了男人在面對女人時常見的錯誤。

女人真正在抱怨的，絕少是她嘴上正在埋怨的那件事。如果你只聽到她口頭抱怨裡的字句，並據此給予回應，那可就錯了。

當她嘴裡埋怨你們的財務狀況時，她真正不滿的通常是你缺乏陽性的力量，缺乏生命的目標，無法保持清晰剛毅，缺乏主導自己方向的智慧。金錢固然是重要的，然而，如果你一貧如洗卻能完全的覺知、快樂、剛毅、無畏、幽默、深情，並且向她和世界奉獻你最圓滿的天賦才能，那麼，她是不會去埋怨金錢的缺乏的。

女人真正在抱怨的，絕少是她嘴上正在埋怨的那件事。

你答應過要整理車庫，卻過了幾個星期都沒有任何動作，她抱怨的其實並不是你沒有整理車庫——她當然希望車庫變整潔，可那只是表面上的問題，更深沉的癥結點在於你沒有說到做到。你應允了她，卻沒有實踐承諾，她無法信任你說的話，而這令她非常的受傷。

你可能覺得她反應過度、埋怨她為何如此小題大作、歇斯底里，那只不過是車庫罷了，不是嗎？然而，她感受到的是你不夠剛毅、不夠誠懇，何況整理車庫對你來說只是一件小事，而你食言了，這只是反映出你的言而無信，以及你無法遵循自己的目標。

你的承諾正反映著你的生命目標、你的陽性核心。你沒有信守承諾，只會讓她覺得你的陽性核心是薄弱的，所以，她才會對你感到失望，她沒有辦法再信任你的指引，並且因而感到非常非常的失落。

這個情況若持續下去，她會因為你不夠剛毅誠懇而開始漸漸築起自己的陽性保護層，藉此保護她自己，以免因為你無法堅持而造成傷害。她會變得僵硬、緊繃，變得充滿稜角。對你來說，整理車庫只是一件小事，可是在她眼中，你這是言而無信，她無法再信任你了。

這很可能會讓她變得不愛打理自己——你要知道，陰性的核心是能量或光芒。要是她在你們的親密關係中不再在意自己、個性變得沉悶乏味、老是疲憊不堪，那麼她便無法給予你所渴望的陰性能量。你或許依然愛著她，但你會開始往其他地方去追尋陰性能量。

在兩極性的層面上，你會受到陰性光芒的吸引，從而感到活力湧現，同樣地，她也會在兩極性層面上受到你陽性特質的吸引，像是思想清晰、具方向感、剛毅誠懇、散發存在感。

她埋怨你只顧看電視時，其實更不滿意的是你對生命的態度，你缺乏努力不懈的精神和清晰的思維。假使她能夠感受到你在自己的目標裡清晰明確、充滿生氣，在你們共度的時光裡感受到你完全與她同在，那麼，當你說「我想先放鬆一下，看半小時電視」時，她肯定沒有第二句話——真正令讓她抱怨的並不是看電視這件事，儘管她嘴裡是這樣說。

你要好好聆聽你的女人，把她當成一位神喻使者，但不要視她為顧問，因為**她的抱怨內容通常離題很遠——但當中卻充滿啟示**。

她的抱怨揭示了你一些無意識的壞習慣，而且正是這些壞習慣阻礙你達到全然的意識覺醒——所以你的無意識才會讓她如此憤慨，雖然她不會打開天窗說亮話，但她話裡的暗示就是這個意思。

省下跟她吵整理車庫、面試的力氣吧！那不是她埋怨的重點——就算她嘴上這麼說。你應該要聆聽她的抱怨，視之為宇宙要給你的生命啟示。看電視是善用此時此刻最好的方式嗎？有時候你的確需要娛樂一下，但有時候你只是懶惰，你忘記了自己在生命中創造的責任。

你是故意騙她要整理車庫的嗎？還是你只是讓事情溜掉，正如你對待其他承諾那樣如出一轍？你的女人因為你的生命缺乏堅毅誠懇而受傷，而你還要怪罪她？

如果她無法相信你能運用最深刻的智慧和最完滿的能力去活出你的生命，她就無法以自己的生命去相信你。而且，既然她無法相信你的陽性無懈可擊，她自然就會過度發展自己的陽性特質，她不只是為了自己而變得陽性，同時也是為了你。

當女人無法相信你的陽性無懈可擊，她自然就會過度發展自己的陽性特質，她不只是為了自己而變得陽性，同時也是為了你。

如果她得提醒你該找工作或整理車庫，她就是在為你們倆提供陽性的方向，這其實會讓她的壓力愈來愈大。

她的身體會慢慢開始反映她所背負的這些壓力，她會漸漸的無法在陰性力量和光芒裡放鬆並散發光采，因為**她得彌補你的不足之處**。

她的眼袋、她的皺紋，可能都反映了陽性的你是否活出最崇高的生命目標。她當然也會有在成長過程中需要克服的無意識陋習，然而有時候，她其實只是反映了你的無意識陋習。你最好要盡可能地去區別她的哪些「毛病」其實是她的身體正微妙且敏感地在做出反應，反饋著你的生活方式。你知道自己用了多少廢話在對自己的生命開玩笑，她也很清楚，而且她為此而感受到的傷害，比你自己大上許多。

32 女人不是真的要男人事事把她擺第一

有時候，女人會希望自己是男人生命中的第一位，矛盾的是，當她真的佔據了那個首要位置時，她又會覺得當他以她為最優先考量時，就不會全心全意地朝著靈性成長和獻身神聖層面前進。她覺得他把自己的快樂、幸福全放在她身上，他的渴求和執著令她快要喘不過氣。

其實，女人想要男人為他生命的最高目標完全獻身——同時也要全心全意的愛她。雖然她可能永遠都不會承認，但她其實希望他會願意為了那生命目標而選擇犧牲他們的關係。

請試著想像一個男人準備上戰場，他正擁著他的女人道別。女人哭著說：「不要走。」

「妳知道我一定得去。」他答道。

他們深情的凝望彼此的雙眼。

「妳知道我愛妳。」男人對女人說。

「是，我知道。我也知道你非走不可。」她回答，任憑眼淚從她佈滿傷心的臉上滾落。

他轉身走向門口，走向他必須赴身的命運。他的女人，抱著滿心的痛苦和驕傲，就這樣看著他的身影漸漸模糊，直到消失。

這般灑狗血的情境其實反映了一項深刻的能量原則：雖然你的女人總是想成為你生命的第

一名，可是如果她不是最重要的那一個，她反而會更加的信任你和愛你。一個具陽性特質的男人，最優先考慮的應該是他最高的生命目標，而非親密關係。這一點你的女人也明白，事實上，她的內心深處正是這樣期待的。

在剛才的情境中，要是她的男人突然說，「我改變心意了，妳比人類的自由更重要。妳是我生命中最重要的事情，我無法顧及哪裡的人類需要我去服務，我只知道自己會留下來和妳在一起。」她肯定會覺得很不可思議——即便她的某部分感到欣喜若狂，但在更深的層面，她其實會感到沮喪、失落和失望。相對的，如果男人為了完成使命而要離開她，她會因此而哭泣，懇求對方不要離開，但她心裡很明白，他確實非去不可。

如果女人成為你的生命中心，你會迷失。你內心有一股力量在驅使你去奉獻天賦才能，完成你的生命目標，如果你接不上這份動力，你的生命會感到迷惘。你的選擇和所做所為是出於需要，卻不是生命目標的更深層意義引領你做出決定。你之所以接受你的女人的目標，是因為它們比你的更強大；你可能也會為了外在的目標而調整自己的方向，比方說成為為企業的齒輪、在死胡同裡打轉的丈夫和父親，而放棄敞開自己、奔向最高的願景。

小心別以集體意識默認的責任去取代生命的真正目標。這很容易導致你每天忙碌於例行工作與責任，只剩下一些時間看電視或匆匆忙忙的做愛，也很容易讓你完全放棄要為真理徹底奉獻，而屈就於工作、家庭、親密關係和友誼的平凡一生。然而，唯有你在各種關係中的付出都是出自於核心的完全奉獻，而非因為沒膽量去挖掘自己的核心動力而妥協於現有的生活，你才能成為一位真正卓越的專業人士、父親、丈夫和朋友。

如果你不能發自內在核心的活著，沒有奉獻你完滿的天賦才能，周遭的人都能夠感覺得到你缺乏真正的生命目標。孩子會挑戰你的權威，同事會佔你便宜，朋友對你不會寄予厚望，妻子也不會信任你……

就算你的女人看似想要成為你的生命中心，其實並不然。實際上，她希望你能夠看清自己的生命中心究竟為何，這樣她才能夠信任你。即便你為了實現自己的目標，必須離她而去——正如遠赴戰場，但只要你所擁有生命目標是實在且出自內在真我，她就可以相信你、愛你。

若你總是看電視、看雜誌或賭博，你的女人會感受到你的生命是瑣碎而膚淺的，她會覺得你甘心停留在較低的層次，然後怨恨起你的意志薄弱。

然而，如果你有發現那源於最深層核心的目標，並且使整個生命都與之一致，你的女人會感受到你對生命的誠摯。儘管她不一定會喜歡你的選擇，但她還是會去愛它們、去愛你，因為她愛你有勇氣活出自己的真我。她可以很放鬆且信任你，就算你此時正享受地看電視、看雜誌或小賭一把，她也能放鬆並更信任你，因為她知道你永遠不會對最高的生命目標妥協——雖然這個生命目標包含你們倆的關係，但你絕對不是以這個關係為核心且依賴它。

她不一定會喜歡你的選擇，但她還是會去愛它們、去愛你，因為她愛你有勇氣活出自己的真我。

33 別用過往的優良紀錄來合理化當下的錯誤

男人過往的成就再輝煌，對女人來說可能一點意義都沒有。儘管男人過去十年來都非常完美，然而一旦他有三十秒表現得像個混蛋，那麼她的反應就是認為他一直以來都是個混蛋。

陰性能量會根據當下的能量做出反應，而忽略他過往的表現，男人過去的行為和表現，對於女人當下此刻的感受是毫無意義的。

男人會參考另一個男人過往的歷史去評斷對方，但對女人來說卻完全不是這樣的。

辛苦工作了一整天，終於可以下班回家了，但是你一進家門就發現你的女人一臉不悅的看著你，你這才猛然想起，今晚你們原本約了另一對夫妻要一起共進晚餐，但現在已經完全來不及了。

她現在非常的火大。

「對不起，我回來晚了，可是今天忙得很不尋常，」你連忙解釋說，「我已經好幾個月沒工作得那麼晚，今天這樣是不得已的。距離上一回我忘掉我們的約會已經遠到妳大概都記不起來了，瞧，我幾乎都不會忘記這樣的事吧？」

「哼，可是你今天忘記了，這才是重點！」

提起你往日近乎完美的表現，企圖藉此澆熄她的怒火，其實毫無意義。

對她來說，你的歷史無關痛養，當下此刻的感受才是最重要的！

一旦你現在讓她失望了，就算你過去多少個月、甚至多少年表現得再優異，也沒有用——你過去的成功並無法彌補她當下感受到的你的過錯。

身為男人，你可能會認為另一個紀錄良好的男人偶爾犯下小錯誤其實無傷大雅，因而很容易選擇原諒並且放下，只有當他一再的言而無信、缺乏誠懇正直，你才會真的忍無可忍。此外，只要一個人在各方面都無可挑剔，即使偶爾犯下嚴重的失誤，你還是可能很容易就釋懷，這是因為你知道他已經把事情都做到最好了，該次的錯誤只是罕有的例外。

可是對女性來說，過去與此刻是兩碼子事。就算你們已經滾床單五個小時，在各方面都非常完美，然而一旦你說錯了一個字，她就會完全崩潰，好似你過去兩個小時以來都一直在做錯事那樣。

在一連串的優異表現中，你只要犯下一個小錯誤，女人就可能會馬上翻臉，而與其老是對此感到憤慨，不如轉移你們之間的能量——記住，歷史對女性是沒有意義的；同樣的道理，你的錯誤也會像你的優良紀錄那樣，很容易被你的女人所遺忘，而最好的做法是：

一旦你發現她不開心，你要先不受她影響，先自己恢復快樂，然後用你的愛去打動她。

與其老是對此感到憤慨，不如記住歷史對女性沒有意義這件事。

發揮你的幽默，讓她的笑容重新回到臉上；舔吻她的頸子、或者佯裝自己是個無敵金剛那樣抱起她，只要你能用充滿深情愛意的方式使她動容，她的情緒將會一筆勾銷，如此一來，你的錯誤會在一時之間被她拋在腦後，就如同你過去那一連串的優異表現那樣，對她無關痛癢。

與其用過往的優良紀錄來合理化自己當下的錯誤，不如於此時此刻以愛與快樂來充滿她。

與其用過往的優良紀錄來為自己當下的錯誤辯解，不如於此時此刻以愛與快樂來充滿她。

34 你不必事事出頭，但要能為她指引方向

當一個女人要放鬆掉陽性剛強的那一面，必定是她信任你可以主導——無論是在財務、性愛、情感和靈性方面，皆是如此。

男人不必事事強出頭，但一定要懂得掌握局面、引導方向，讓他的女人可以無憂無慮的在自己的陰性裡放鬆。

有些女人會希望自己在大部分時間裡都能夠作主，這樣的陽性慾望其實不論男女都有——不管是手拿電視遙控器，或是決定要到哪一個城市定居生活。

如果你的女人比你更具陽性特質，那麼在大部分的時間裡，她都會更樂意當主導你們倆生活的那個人。

不過，如果她是更具陰性特質的女人，許多時候她會希望自己能夠過得開懷又放鬆，不必承擔作主的角色。

她想要能夠在陰性特質裡放鬆，讓她的男人來決定事情。如果身為男人的你無法主導，不知道該何去何從，她將會感受到你的猶豫不決，那麼，**她會站出來自己決定事情，這是因為你的無能讓她無法放鬆**。

女人愈能夠在她的陰性特質裡放鬆，便愈能夠散發迷人的光采。

你也許會發現她突然變得光采耀人——雖然上一刻她看起來是那麼的死氣沉沉，但就在你讚美她或用愛的贈禮讓她驚喜後，她轉瞬間就魅力四射，整個人好似年輕了十五歲，連臉上的皺紋都在短時間內消失了呢！

如果你希望你的女人能夠在自己的陰性本質中放鬆，閃耀著自然的魅力與光芒，你就不要讓她背負作主的責任。**這不是指你要控制她，而是你要在各方面裡都清楚明白自己的生命目標，以及你該如何向它邁進**——無論是財務或靈性層面。

如果你對自己的經濟前景不確定，哪怕只有一絲一毫的遲疑，你的女人都感覺得到——你用不著說什麼，她可以從你的肢體語言、眼神和說話口氣中感受到你的擔心和不確定。**這裡的重點不在於你要很會賺錢，而是你要能為自己的財務負責，規劃你的未來。**你當然也可以決定出家成為一名僧侶，重要的是你方向清晰、負責到底，並且是你依據內在最深層的智慧核心所做出的決定。

這麼一來，你的女人就能夠放鬆。她會明白你的立場和計畫、可以感覺到你的剛毅健全、能夠信任你所選擇的方向，因為她知道這個決定源自你最深層的內在核心。她知道自己並不是在你的不確定中無依無靠地漂浮，而能夠腳踏實地——她會有這樣的踏實感，正是因為你清晰、明確地掌握了目標。

你在靈性目標上的決定又更是重要。你們的關係要往哪裡去？你們的生活目標是什麼？它們將拼湊出什麼樣的未來？你們倆要如何繼續成長，才不會陷入平庸而毫無進步的泥沼？

假若你的女人感覺到你的生命失去了方向，她會自己去尋找方向並試圖加諸在你

如果你希望你的女人能夠在自己的陰性本質中放鬆，閃耀著自然的魅力與光芒，你就不要讓她背負作主的責任。

身上，因為你看起來沒有自己的方向。比方說，她感覺到你全神貫注於你的事業，而在不那麼關注於事業時就全神看電視，她會感到疑惑：「難道就這樣嗎？這就是我們的關係嗎？這就是他所看到的最高願景嗎？」

如果你的女人覺得你在財務或靈性方面沒有足夠清晰、明確的視野，她將無法放鬆地與你在一起，她會自動主導自己的生命，甚至順便主導起你的生命。她會發展自己陽性的那一面向，畢竟她覺得你無法帶領你們前進，然而於此同時，她的陰性光芒也會一點一滴地消退。

你愈是無法掌控生命的方向——不論是財務或靈性層面——你的女人就愈不得不傾注能量和注意力在自己陽性的面向和目標上。也許對某些女性來說，這會是一件好事，她們也正需要發展自身的陽性能量；然而，對有些女性來說，她們已經發展出她們的陽性能量了，她們渴望有機會可以放鬆自己的陽性，而期待能接受你的指引，像接受贈禮那樣。

那麼，你該如何判斷另一半的自我導向對她而言是否健全？

如果她在追尋自己的方向時愈來愈充實和快樂，那表示這對她有好處。相反的，如果她變得愈來愈緊繃又焦慮，情緒變得愈來愈有稜角，那表示她正在變得過度陽性化，她這樣其實是在逼迫自己，而這可能是你不夠負責任所導致的。

你該怎麼肩負起更大的責任呢？答案不一定是做更多的工作。你需要的是搞清楚自己最深層的生命目標，並據此去安排你們的財務和精神生活。如果你希望另一半能

當你的女人變得過度陽性化，那表示她正在逼迫自己，而這可能是你不夠負責任所造成的。

放鬆於她的陰性光芒和快樂當中，你得要讓她感到安心，讓她感覺自己搭上你這臺列車，而它奔赴的方向正是她的憧憬之地。

這無關乎你的女人是否比你會賺錢，重要的是她能夠感受到你充滿關愛的清晰、智慧和明確的方向。若你能讓她感受到你是有在考慮你們的財務，並充分安排好你們的生活，好讓最深層的愛和最圓滿的天賦才能得以展現，她就能夠全心全意地信任你的陽性方向，並放鬆於光芒綻放的陰性核心中。

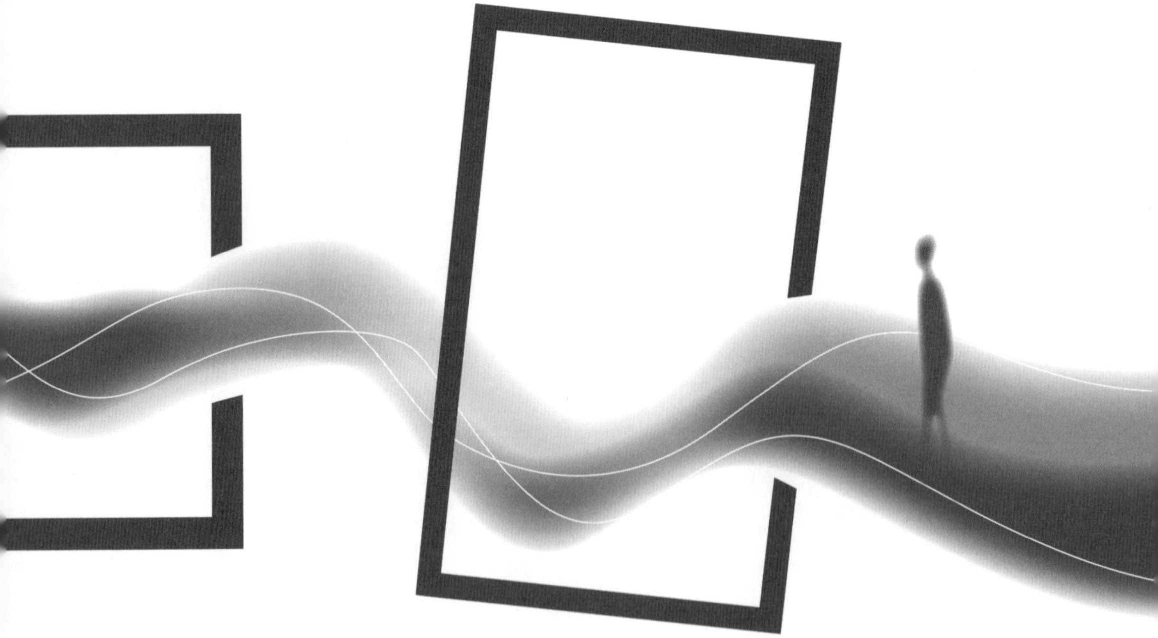

Part 5

男人的陰暗面

所有的陽性目標，都是在追求從束縛中釋放出來。

35 男人會不斷尋求自由

陽性狂喜的精髓，在於擺脫束縛那一瞬間，比方說在死亡面前存活下來、經過一番努力終於征服目標（也因此從中釋放），以及身處於競爭當中（儀式性的死亡威脅）。陽性永遠都在追求從束縛中釋放出來，然後向自由奔去。

只不過，女性往往無法理解這樣的陽性行為和需求。

你最根本的渴望和動力，是從束縛中釋放出來，去體驗彼岸的自由。

陽性狂喜最常見的形式是什麼？性高潮便是其中一種。如同你所理解的，典型的陽性性高潮，是逐步累積緊張或束縛，直至潰堤傾洩，那一刻，你的壓力和能量都得到了釋放。在性高潮之後的，是如死亡般的平靜，那是一種接近極樂忘我的虛無。男性總是在透過各種方法或管道，尋求這樣的釋放和自由。

大部分的體育活動都能提供這種從束縛中釋放以至自由的陽性亢奮。以美式足球賽為例，持球的一方會受到準備截球的敵方防線的制約而感受到壓力，他們得突破層層的防禦，帶著球突進至達陣區——也是自由之區。具有陽性本質的人在觀看這種儀式性的挑戰與自由釋放時，會感到莫名的高亢，一旦成功達至自由，他們會高聲地歡呼喝彩，那就像是他們最深層的內心慾望浮現——事實上它的確已經湧現而出。

像這樣突破束縛並奔向自由，一直是陽性主要的動機泉源。所有的陽性目標，無論是在職場奮戰、在墊子上盤腿冥想修行，或者是在美式足球場上突圍前進，其實都是在奔向更大的自由。

這種典型的陽性自由慾望，甚至涉及瀕死的感受，那是一種同時感受到死亡和自由的終極體驗。

在法文裡，性高潮就稱做「petite mort」，意思就是「小死亡」。男性會希望看到自己支持的球隊「幹掉」對手（"kills" the other team）；你會因為「斬獲」財富（financial "killings"）而欣喜若狂。

你或許也對陽性渴求自由的渴望較陰暗的那一層面不陌生。發動戰爭的動機其實是渴望自由——是一種典型的陽性追求。

事實上，許多運動競賽都是儀式化的戰爭。真正的戰爭往往能夠引發絕大部分男人的共鳴，戰爭電影也會喚起男人的強烈情緒反應：男人在生死存亡之際被更崇高的目標推動著，他為此付出一切，即使需要面對死亡的威脅——為了自由而面對死亡的本事，不論是在真實的戰爭當中，或者在如戰場般的球場或棋盤上，都可說是終極的陽性行為，所以總是能夠觸動大部分男性最深層的情感。

> 所有的陽性目標，其實都是在奔向更大的自由。

追尋靈性自由所需要的能力，和面對死亡的能力是相同的。為了在靈性層面上自由自在，你必須勇於面對恐懼，放下限制你去愛的任何事物。

一旦對安逸和安全感有所依戀、執著，就會限制你在追求靈性自由的層面上衝鋒陷陣。你對個人安全感的需求，正是你最大的敵手，這是一場你和自身自我意識的戰鬥。

想要獲得自由，就得殺死你成為那個分割自我的需求，一旦你連自我都敢殺了，還有什麼能束縛得了你？

自我的消亡，徹底的臣服，以至合一的境界，便是終極的自由。

很少有男人曾經釋放自己達到這種能在深度自由裡放鬆的程度，因為他們都畏懼絕對的無壓力——無壓力意謂著無思緒、無保護自我的意識、無完成使命的意識，這是陽性遊戲的終結。

不過，這種無壓力、不受保護的終極體驗，恰恰好是你一直不斷在追求的：無論是透過性高潮、獲得一筆橫財或痛宰對手贏得比賽。

如果你願意體驗較低層次的陽性「死亡」和狂喜（比如說性高潮），卻不願意面對割裂獨立的自我意識的消亡，這終將會使得你只容許自己在短暫的片刻淺嚐一口「成為終極的自由本身」的滋味。

透過拳擊賽、警匪電影、武術、性高潮、哲學（頓悟時因為壓力釋放而發出「啊！」的感歎）以及自我（ego）消亡，男人總能體驗到種種形式的「死亡」而邁向彼岸、獲得自由。

你必須要容許自己把對自由的渴望放在生命中的首要位置，如此一來，你才能夠享受那些較低層次的陽性狂喜，並無礙自己獻身於那最高形式的狂喜——

只有當你面對自我意識的限制性壓力，超越對死亡的恐懼，進而放鬆地穿透它，才能進入絕對的自由——這樣的自由，其實你經常於內在核心直覺到它，可是你大部分都只透過暫時性的方式去追求它。

相對的，陰性所追求的不是自由，而是愛。所以，女人的極樂不在於虛空，而在於盈滿；她的做法不是釋放，而是臣服。

這正是當男人在性高潮後翻身呼嚕大睡會令她那麼不滿的原因：在射精後的虛空裡，他終於獲得那從壓力中釋放出來的極樂與自由，他早就透過許多方式追求這樣的自由一整天了！然而，女人所渴望的卻是透過性愛去感受愛與盈滿，一個在做愛後翻身呼嚕大睡的男人並無法為此做些什麼。

女性追求盈滿，她厭惡虛空。因此，女性常會在書架上擺滿從一些特別的地方蒐集而來的小玩意兒、貝殼和鵝卵石。

假使感覺不到愛的圓滿，她會用冰淇淋、巧克力或聊天來滿足自己，而不像男人那樣選擇看電視或性愛來釋放壓力。

此外，相對於男性偏愛觀賞拳擊賽和色情片的肢體侵略，女性更喜歡透過追劇和看愛情小說去享受情感的侵略。

女性渴望能夠透過讓自己的心臣服而充滿愛，來填滿心靈的空虛。她達至心神合一的方式是臣服、獻身於無邊無際之愛的圓滿，而不是去突破自我消亡的恐懼，進入那不受束縛、絕對自由的無限當中。

陰性所追求的不是自由，而是愛。所以，女人的極樂不在於虛空，而在於盈滿；她的做法不是釋放，而是臣服。

陰性追尋愛、陽性追求自由，但到頭來都會到達同一個終點：**真正的你的無窮無限基礎，是絕對的愛，也是絕對的自由**。

只不過，在你們抵達這個終點之前，你的女人會繼續臣服，不論是對巧克力、購物或你，以期讓自己被愛填滿；你則會繼續釋放自己，不論是透過看電視、射精或賺大錢，以期釋放壓力，溶入那不受束縛的自由裡。

36 不要否定你最深層的慾望

如果男人不認許他渴求自由的黑暗陽性慾望，就等於是讓自己的陽性力量管道打結了，他的能量無法自由流動，他的注意力會被那沒能實現的渴求所束縛。

最重要的是，一旦這管道受阻，他的陽性能力會減弱，使他難以在死亡面前屹立不搖——能如此才算是帶著覺知的生命。如此一來，他將無法在面對生命的未知、毫無根據的存在時仍本著內心的愛去行動。

上一次你真正讓你的女人銷魂狂喜是什麼時候的事了？也就是，上一次你毫無保留地用你的狂野、深情地「拿下」她是什麼時候的事？或許，那是許久許久以前，久到你開始對電視或電影裡的強姦場景著迷，甚致血脈賁張？

一旦你無法懷著愛去表達這種晦暗的激情，它就會鑽入你的心靈背面——你的陰暗慾望與你的內心割裂開來。這會讓你開始幻想用不帶著感情的方式去控制和主宰你的女人，而不是以你的陽性力量和具侵略性的深愛激情去擁抱她（把她拋到床上，撕開她的衣服，把她壓在你的身下，讓你們倆一起陶醉在狂喜的愛當中）。

使女人如痴似醉是陽性慾望在性愛層面的展現，它與其他形式的陽性慾望是類同的——比方說在籃球賽裡突破對手的防禦、突破哲學障礙去獲得知性洞察，或是突破對死亡的恐懼而獲至心靈自由；使女人如痴似醉則是突破陰性抗拒的慾望、打開她的身心、讓她溶化在狂喜的愛之中，那種快感主要在於使她自傳統束縛中釋放，以致她別無選擇，只能在愛裡臣服。

一旦這樣的陽性慾望和你的內在割裂開來，你將會甘於以沒有愛的方式去突破陰性對你的抗拒——暴力或脅迫的方式。

儘管絕少有男人會勇敢的承認，但大部分的男人都曾有過這樣的幻想：違反一個女人的意願強迫她做愛。事實上，大部分的女人也都有過被強迫做愛的幻想，晦暗一面的陰性慾望是被迫臣服，與渴望突破女性的抵抗的晦暗陽性慾望一樣強大。**使女性銷魂，強暴女性，當中的差別在於——前者有愛。**

當你的女人臣服於你強而有力的愛，或者你充滿愛地「強迫」她臣服於更美妙的狂喜，就是她如痴似醉的基礎。如果你們都不願意以愛和幽默來為彼此展現這晦暗的陰陽兩極，它們就會以沒有愛的形式被顯現出來，比方說幻想強暴情節、沉迷於肥皂劇、描繪失去和暴力的悲慘故事，乃至暴力色情影片等等。

性能量是我們肉體生命力的根源，你與銷魂狂喜的關係正體現了你與生命的關係。這個道理也同樣適用於你的女人，要是她害怕徹底臣服地用全部的身心去接受你的愛，那麼，她也會害怕交出全部的自己，去臣服於那整體存在去接受神聖的垂愛。這會讓她感到內在根源的空虛，遂企圖用飲食、購物、社交和聊天等各種「愛」來填滿自己。

如果你害怕跟你的女人在肉體性愛狂喜中完全放開自己（超越控制與割裂的自我），以致在絕對狂放的激情當中和她的心融合在一起，那麼，你也會害怕在神聖的自由裡完全敞開自己。

你會抓緊自我並拚命克制，而不是敞開自己，突破恐懼，臣服於那沒有界限、不可知存在的無窮無垠當中，於是你會感到自己充滿了壓力，必須透過看電視、射精、工作等一般的男性習慣來釋放自己。

你必須學習和你的女人一起在愛中絕對地敞開自己——你無法逃避這件事，除非你決定這輩子都要禁慾獨身。

你要無懼於你的性愛慾望，正如你無懼於你的靈性慾望。陽性最大的恐懼是失去自我，然而，失去自我也正是陽性最深切的慾望，所以，如果你跟大部分的男人一樣，你會比較想要用一些可控制的方式來失去自我，比方說運動競賽、看報紙、性高潮，可是你多半仍會害怕與你的女人在愛的狂喜中真正的失去自我，你害怕臣服於超理智、不可知的無限。

你可以做個實驗：

下次與你的女人做愛時，試著超越自己的肉體和情感界限去感受她。請深深地感受她，直到你覺知不到自己而只能完全的覺知她。

感受自己進到她裡面，你的界限消融了，你成了她，極度的覺知她的每一次呼吸、她的一舉一動、她的每一個感受。以你從未嘗試過的完全敞開程度去愛她，感覺

陽性最大的恐懼是失去自我，然而這同時也是最深切的陽性慾望。

到你不僅穿透了自己的界限，也穿透了她的界限，讓你們倆一起融化在你愛的強大力量當中。在愛的力量裡完全放鬆，徹底得只剩下愛的存在。

讓這份愛把你的女人送上如痴如醉的幸福巔峰，讓這份愛注滿她的心靈與身體，超越她所能乘載的極限，以至於她別無選擇，只能臣服在你愛的深度和力量當中。你要完全放鬆身體，自然率性地動作，容許讓自己的愛深刻地注滿她，直到她被徹底淹沒，甚至淌下眼淚，而你則完全放開自己，放開一切恐懼，只是奉獻愛。

在你敞開自我奉獻愛的時候，請認許你全部的陽性慾望展現出來——不論那是晦暗的，還是光明的；請把和她在一起，你一直想做的、想成為的，都展現出來，在愛裡率性自發，在進入她裡面、穿透她時深深感受她。

請時不時留意，每次花點心思在她身上，容許她的能量和慾望有空間帶你到達靠你自己永遠無法到達的境界。

藉由恢復你陽性晦暗之愛的全部力量，你不只會重獲讓你的女人在愛中銷魂狂喜的能力，也能夠重新擁有靈性的膽量，你會鍛鍊出勇氣，以便在面對自我消亡時完全放開自我。透過向你的性愛慾望的晦暗面敞開，你得以解開陽性力量的結，愛的力量將使你超越控制的需要、突破恐懼對你的箝制——

你會培育出在愛裡「死去」的能力，而不再需要堅持自我。

隨著時間的推移，當這種力量逐漸更自由地穿透你，你會發現自己自然能夠更加從容地在靈性「死亡」裡完全敞開，或是更能在無邊無際的自由裡讓那獨立而割裂的自我意識溶解。與其緊緊抓住自我不放，你能徹底地放鬆，更全然地安身於真我的意識中，你會認知到那沒有任何界限的偉大的唯一（The Great One），現在就存在於你當中，除了你，沒有其他的什麼。然而，要放開那個個體的割裂自我是需要膽量的——假若你連在做愛時都沒有勇氣放開你跟另一半之間的割裂感，你便不會有這份膽量。

為了讓你的女人在愛中如痴如醉，你必須完全放開自我，去崇拜和信任她的心靈——她的心靈，其實也正是你的心靈。如此的無畏無懼，會幫助你準備好（甚至是引導你）去崇拜並信任覺知本身，而你將會發現你更能臣服和成為那無邊無際的唯一，那其實也是真正的你。

37 女人渴求著男人的內在「殺手」

在各種男性特質中，女性會渴望她男人的內在「殺手」。如果他嚇到只敢站在椅子上要她動手去殺死蟑螂、老鼠，她會有些洩氣；如果他只會害怕地要她半夜起床去察看房子傳出怪聲是不是有小偷闖入，她會有些洩氣。無懼，抑或為了愛而有能力超越對死亡的恐懼，是終極陽性天賦的典型表現。

你的女人並不會希望你是個殺手，但是如果你具備有這樣的能力，她會感到歡欣興奮；反之，她會感到洩氣。

比方說，有一隻大蟑螂爬進了客廳，結果你嚇得跳上沙發，對著她尖叫：「打死牠，快打死牠！」她可能不會為此感到興奮。再舉個例子來說，某個夜晚，你們已經入睡了，你卻突然聽到廚房傳出奇怪的聲響，你感到害怕，搖醒你的女人，要她去看看到底是怎麼回事——這樣的你並沒有讓她興奮的陽剛勇氣。

在這兩個例子當中，你的女人都感受到了你的恐懼。**她並不想要你成為殺手，不過，她其實希望在需要的時刻你能展現面對死亡的勇氣——如果有必要，她甚至渴望你有殺戮的能力。**想像一下，如果一個瘋子闖入你家，並且企圖殺害你們的孩子，而有機會行動的你卻只是說：「好吧！瘋子先生，你做什麼我都沒有意見。」你的女人當然會對此感到不爽。

在必要的時刻能像戰士那般去面對死亡和廝殺，這樣的晦暗陽性力量，是你很重要的一部分。現今的潮流刻意壓抑陽性和陰性的晦暗面，所以社會中滿是唯唯諾諾的軟男和有禮的控制姊。

然而，大部分女性溫婉有禮的表面下，隱藏著一名憤怒的女神，能砍下每個平庸「新時代」男子的腦袋，而大部分男性那耐性的微笑底下，隱藏著一位愛的戰士，可以讓他的女人在愛中極樂狂喜，而不是只聽她東拉西扯，在情緒裡無意義地兜圈子。只是，如今晦暗的陽性能量被徹底壓抑著，以致大部分的男性寧願對女人陪笑臉，而非以毫不妥協的愛去突破女性的緊張。這樣的男性總是小心翼翼，以避免干擾他謹慎計畫好的舒適安全的一生，而不願意超越對死亡的恐懼。

你在用愛突破你的女人的剛開始，她的確可能會抗拒，但是，假使她具有陰性性本質，她會想要感受到伴侶的無畏無懼。她會希望你有能力面對她的封閉、憤怒和緊張，而不是極力壓抑她的陰性力量；她會希望感受到你在愛中堅毅不移，所以她的憤怒趕不走你；她會希望你有能力屹立於自己的慾望當中，使她如痴如醉，並因為對她的愛而無畏於她的晦暗陰性能量。

她之所以想感受你晦暗的陽性能力，不只是因為希望你能讓她在愛裡如痴如醉，更因為這代表你具備理解並面對死亡的整體能力——不論是你自己或其他人的死亡。這種能力使你成為值得信賴的男人，你既是人間戰士，也是靈性戰士。

認識死亡，可以讓你謙虛同時又無畏無懼；認識死亡，能卸下你心靈的盔甲，讓

她之所以希望感受你晦暗的陽性能力，不只是因為她想在你的愛裡如痴如醉，而是因為這代表你具備理解並面對理解死亡的整體能力。

你認識愛。認識了死亡和愛，能讓你超越自己的恐懼，突破對安全感的依賴，進入那不可知的奧祕——那將超越你自我保護意識的小框框。

你的女人渴望著你在愛之中的晦暗一面，其實是她奉獻給你的贈禮，能讓你培育那晦暗而無畏的愛去實踐她的慾望，你對自我保護的需要會隨之逐漸減少，你的每一刻都會更赤裸裸、更柔軟易觸動、更加展現真我，而不需要額外的慰藉和虛偽的自我肯定。你將不再躲在安全的屏幕之後置身事外地笑對當下的體驗；也不再逃避那經常威脅生命的可能時刻，而是充滿愛地在你的境界臣服，讓此刻如痴似醉，直至其核心，並意識到自己正是這核心。你會一直突破、深入去感受，這是你唯一的自由。

你的女人所渴望的「殺手」，會明白生命是瀕死的過程，只能不斷地突破，直至那不能失去的。惟有拋開恐懼，你的心才有可能沒有防備地敞開——你願意起身去察看是否有小偷潛入家中，對你的女人而言，是你正在向她表明：你願意失去一切去溶入愛。

38 男人的意識要能配合女人的能量

男人必須以能夠匹配女性能量的意識，去應對他的女人。當女性是一名毀滅者，就需要有一名男性毀滅者去相應；一名熱忱獻身的女神，最好要能遇上一個愛得淋漓盡致的男神。

不論是黑暗面或光明面，男人各種領域的能耐都不應有所阻滯，當然也不該去躲避，否則他的女人就會在那一點考驗他——而且往往會從晦暗的那一面開始。只有在信任感建立起來後，只有當陰晦的伴侶明白會有另一半的黑暗力量去滿足她，考驗才會轉向光明那一面。

你也許知道，你的女人可以勝任各種角色，例如女巫、性奴、亞馬遜戰士、光明女神、護育的慈母、女魔頭、甜美的情人、博學的老師、野獸等等，千變萬化。總而言之，她會不斷地回到你無法與她匹配的能量。

假設你尤其不喜歡她生氣，她似乎會一而再再而三地回到憤怒的能量裡；如果你無法用你暴烈的愛去擁抱她的憤怒，將她的憤怒轉化為激情，她就會繼續挑戰你的能耐。無論她展現出哪一種能量，只要你無法用你意識的力量、澄明與幽默去轉化為愛，她就會一再地向你施展那些力量，要你去面對。

也許她總是把自己繃得緊緊的又易怒，你也已經無數次試著與她溝通討論，但似乎都沒有什麼效果。你決定放棄，不再嘗試，你學會盡可能去忍受她。她其實不是有意識地刻意為之，但她就是會繼續以這樣的緊繃、憤怒去挑戰你，直到你的意識能夠讓她超越情緒，如鮮花綻放般開心起來，才算通過這項考驗。

一個不夠完滿的男人也許會認為：「嗯，留給她自己處理吧！」可是，**如果她真的會想要自行解決，就沒有必要和你在一起了。**

她渴求著你的意識，清晰、強烈又自由的意識——正如同你渴求著她散發的魅力與光芒。假如你無法突破她的情緒，她就感覺不到你的自由意識，她會認為你兩手一攤投降了，在她的能量面前一點辦法都沒有。

當中的奧祕在於，**你必須通過你身體而展現的意識，去配合她的能量**。假如她尖叫、摔盤子，你的身體必須要能應對她的能量，利用你的身體去展現你無懼又充滿力量的愛。如果你落淚、你的聲音哽在喉嚨內，口裡卻說你愛她，她是不會相信的。如果你走向她，抱住她，在當下此刻深情款款的微笑，她會感受到你的自由——只要你是真誠的。她之所以能感受得到，是因為你的身體已經表達出來了。

對她而言，你的身體、語氣和眼神比起你說的任何話語都更具力量，**千萬不要告訴她該怎麼做，而是用你的身體邀請她一起做**。如果她十分緊繃、封閉自我，與其告訴她放開自己，不如拉起她的雙手，親吻她的心——你要開放自己的身體，實實在在的打開她。

同樣地，你必須用身體來應對她的極樂。如果她正完全委身於神聖的愛，幾乎

無論她展現出哪一種能量，只要你無法用你意識的力量、澄明與幽默去轉化為愛，她就會一再地向你施展那些力量，要你去面對。

是煎熬般地在激烈的狂喜中沉浮，那麼你的意識同樣也當如此。你的身體必須完全的放鬆，充滿力量和信任地與她相遇。你要突破恐懼，在神聖的融合裡釋放孤立的自我感，這樣的能耐必須要配得上她完全臣服在愛裡那樣。你得用身體展現出來，而不是用話語空談。

如果你在你們的融合裡並沒有像她那樣的完全臣服，她就會回到讓你展現出恐懼之處、回到你的薄弱環結去考驗你。

當你的女人質疑你的財務能力，如果你崩潰地抓狂，或者你沒能用愛去回應時，她就會一再地這樣對你；當她質疑你的性能力，如果你表現出怯懦，她就會一再地這樣對你——不論隱晦暗示或攤牌直說。

除非你能夠在陰暗的陽性能力方面證明自己，否則她永遠都無法信任你陽性能力的光明面。你的女人天生就有直覺能洞見你的意識，她很明白，要是你無法坦然面對她黑暗的陰性破壞能量，無法讓她在愛裡如痴如醉，你就無法懷著愛和力量去坦然面對世界陰性破壞力的挑戰——挑戰你的靈性自由。

你不需要擔心自己無法取悅她，這並不是重點所在。她是在給予你一份禮物——用情感和情緒的形式送予你能量，讓你有機會學習利用無畏的愛去「駕馭」這股能量。無論她給予你什麼樣的能量，這個世界也向你展現同樣的能量——假如你曾經試著增加收入、試著拓展心靈的澄明，你就知道世界也是會考驗你的，而只有堅持、無畏和奉獻愛，這個世界才會順服於你的努力，讓你取得成果。

只有堅持、無畏和奉獻愛，這個世界才會順服於你的努力，讓你取得成果。

對待你的女人也是一樣的道理。你不必企圖取悅她，而是要用意識和愛去充實她和這個世界。這才是你該做的！

這個世界跟你的女人一樣，都會用狂野又叛逆的陰暗能量去考驗你的物質和心靈層面。假如你心懷恐懼而逃避，不向她奉獻你最深層的天賦才能，你就會心懷恐懼的逃避世界，而未能奉獻你最深層的天賦才能；假如你到了某個地步選擇退讓於她，同樣的，在你奉獻世界的征途上，你也會選擇退讓，而只能走這麼遠而已。

你的另一半比任何人都了解你的弱點，她知道你會在什麼地方會躊躇、退縮、放棄，她知道你會在努力到哪個程度後便甘於平凡，但是她也知道最完滿的你——一個充滿自由意識和愛的男人——所具備的真正能耐。如果她是個好女人，她的贈禮就是一次又一次地用她最黑暗的情緒考驗你，直到你終於不被陰性挑戰所動搖，並且能用愛來滲透她，正如你滲透這個世界。到那時，做為你無畏無懼意識的回報，她將會讓你的世界充滿愛與光明。

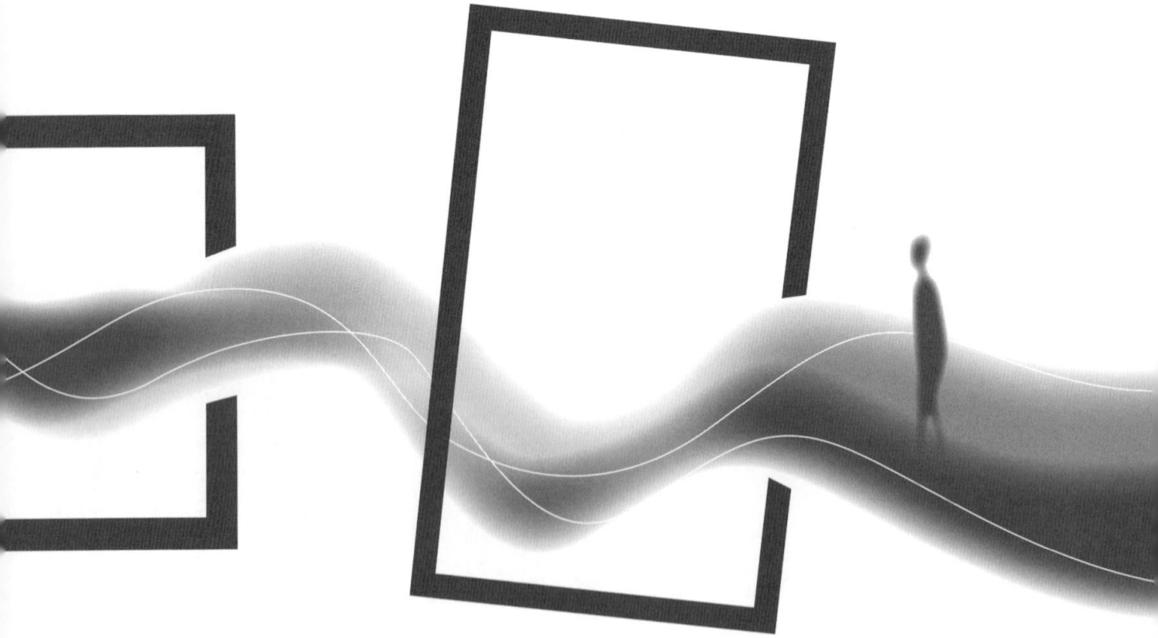

Part 6

陰性吸引力

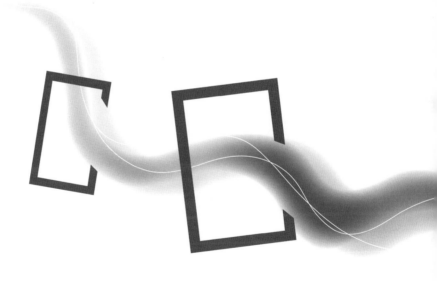

男人若想和他的伴侶及世界維持關係，
就一定要和她們培育兩極化的吸引力。

39 陰性是源源不絕的豐盛

世上的女性或陰性能量永遠不虞匱乏。

要是有男人嫌女人不夠多，或者生命未能給他他想要的，那只是因為他否認了自己與陰性的關係。

這種匱乏感（生命沒能好好支持我或好女人從缺），通常源自於男人在幼兒時期和母親的關係。

生命本身就是陰性的，世上的陰性能量源源不絕，只不過男人抗拒去接受、信任和擁抱它，如此而已。

假如你想領教一下所謂的筋疲力盡、枯竭，並且動不動就對女人如飢似渴，就儘管老實不客氣地去拒絕陰性能量吧！

你就活在充滿陰性能量的汪洋中，令你的身體充滿生命力、使你的心為之跳動、讓你賴以呼吸。你周圍有那麼多的女性，假如你恰當地邀請女性臣服於愛裡，那性感、令人生氣勃勃的陰性能量就會充滿並且滋潤你身體的每個細胞。

要是你感覺自己彷彿擱淺在陽性的孤島上，既疲憊又飢渴，那是因為你拒絕擁抱周遭的能量及女性。

一旦你感到孤立和疲倦，就去好好感受當下這一刻，彷彿這一刻是一名女性。

你要感覺自己此刻彷彿正親身擁抱著一個女人，感受你身體的正面正壓著一個女人赤裸裸的身體，讓她陰性的柔軟與活潑特質使你充滿喜悅，感覺她的胸、腹部緊緊貼著你。

深深的吸一口氣，好似你正吸進她那令人陶醉的芬芳氣息；吸氣時，不僅是要深深吸入她的馨香，還要深深感受那陰性精髓的芬芳本質，猶如它是滋補灌溉你陽性靈魂的營養。

放鬆你的身體，去感受圍繞著你的陰性能量海洋。感受你的周遭環境像是她的身體、感受身旁的聲音像是她的呻吟和嬌笑聲、感覺周遭的光線好似她的笑容。你要確實地放鬆於當下那一刻，好比你和伴侶一起放鬆那樣——

不要把這視為打比方而已，而是要實實在在地以身體去感受和放鬆，充滿專注和對當下的覺知。

你要如法炮製，把同樣的道理運用在你身邊的女性身上，你要感受她們不只是你的朋友、同事或姊妹，她們還是活生生的能量祝福。

你要接受她們的憤怒，如同那是讓你醍醐灌頂的甦醒能量；你要接受她們的性感，宛若那是令你如沐春風而生氣勃勃的祝福；你要接受她們的快樂，縱使你心情沮喪、憂鬱，也要接受她們讓你精神為之一振的光之沐浴。

打開你的呼吸和身體，充分的接受每位女性陰性能量的獨特芬芳，讓你的一天成為豐盛的饗宴。

一旦你感到孤立和疲倦，就去好好感受當下這一刻，
彷彿這一刻是一名女性。

你絲毫不必向生活周遭遇到的女性透露你正在做些什麼，你只需要得體、合宜的與她們相處即可。

請放鬆，並享受圍繞在你身旁的豐富陰性能量——享受這能量的兩種呈現形式：女性，以及當下這一刻。

40 讓女人愈陳愈香

男人應該支持成熟女性發揮智慧、力量、直覺及療癒能力。男人不應貶低她們，要求或慾求她們要像年輕女人那樣——男人完全不應該在二者之間做比較。

每個年齡層的女人都有本身的價值，而從表面的亮麗轉移到深層的內在光芒，是無可避免的歷程。

從生物學到瑜伽觀點，有很多原因會使得你覺得：相對來說，你更容易受到年輕女性的性吸引力影響。走在沙灘或街道上，二十歲的女生比六十歲的女人更可能吸引你回頭，這是再自然不過的事。

然而，陰性能量其實是有更多內涵的。年輕女性所散發的性吸引力是陰性能量的一時層面，那能量更深刻、更根本的特質其實是光芒。陰性光芒不僅僅是年輕女性頰上的紅暈、肌膚的透亮，而是生命能量本身的閃耀光采。

女人所散發的真正光芒，正反映著她有多麼敞開自己、多願意去信任、與人的聯繫有多麼深刻，以及充滿多少的愛。她去愛的能量，會回過頭來讓她的身體被生命力量本身所推動——這才是陰性光芒和力量的真實本質，遠遠超越天真年輕女性那種簡單的性感。

女人年輕時，她的身體更容易傳導生命力，因此一般來說會比年長的女人更顯得光芒閃耀；然而即使是年輕女性，當中也會有些人的美麗只停留在表面，而另一些人的美麗是發自她們內在深層的核心。當女性隨著時間而變老，她的皮膚會逐漸失去它傳導生命力的年輕能力，此時此刻，讓她的光芒依舊、甚至更加閃耀的，正是那深層的內在之美。

事實上，即便是年輕女性，最吸引你的，仍然是這種發自內心深處的美麗。你對可愛少女的本能反應，和在一位女神般的女性身邊時是全然不同的：這位女神般的女性，她的舉手投足、一呼一吸、一顰一笑之間光芒四射的陰性能量，讓你敞開心靈、驚歎景仰、思緒止息，簡直是神魂顛倒。望著這樣一位女性的雙眸時，你會感受到令你幾乎屏息的深度同理心、愛和奧祕。**這種深度的陰性之美或光芒未必會隨著歲月而消逝，事實上，它還可以拓展深化，愈發耀眼奪目。**

要是你跟深層的陽性核心割裂開來，迷失了生命的目標與意識，你也將無法連結上女人的深度。你只能看到皮毛，而被女性光芒的淺薄展現所吸引。然而，隨著青春流逝，這樣的光芒往往也會消失。

你在無意間輕慢了陰性光芒的真實深層形式，因而成為助長社會大眾盲目崇拜青春的幫凶：女性拚命想讓自己在容貌上和行動上變得更加年輕——也更膚淺，而否定了那從她們內在深處怒放的力量和光芒。

年輕女性的天然性感總是會帶給你能量，你無需否認。然而，一個具深度的女性那令人讚歎不已的美麗、光芒四射的自在從容，會讓你因為她陰性優雅的奧妙而暫停

陰性光芒不僅僅是年輕女性頰上的紅暈、肌膚的透亮，而是生命能量本身的閃耀光采。

思緒、敞開心靈、身體如入雲端，而這全都發生在須臾之間，在短短一次的目光交接、肢體碰觸就能感知到——不論她的生理年齡是多少。在與這種女性的關係當中，你們的融合所散發的狂喜是無邊無際的。

無邊的陰性愛之光芒，以及短暫的肉體性感，同樣都是祝福，你必須時時刻刻、歲歲年年拿定主意，確定自己祈求和崇敬的是哪種特質，然後投入專注，獻上讚美，並與它完滿融合。

隨著年歲的增長而累積智慧，女性的心靈層次也會跟著提升，她會變成更為「強大」的女人，比起較不成熟的女性，她能發揮更強大的魔力，去影響自身周遭的環境——她靠著無比精準眼光和直覺洞澈一些徵兆，以令人驚訝的影響力掌控事物；真正的超凡男子漢會崇敬並看重這種魔力，明白它與自己的陽性成就和能力相得益彰。

年長的女性會比年輕的女性更難容忍你的屁話——儘管這可能就是你喜歡吃嫩草的主因之一。你應該明白並選擇你的優先性，**要是你發現含苞待放的花朵對自己比較有吸引力，你得小心自己不是在尋求一段較為輕浮的關係，而讓她使你偏離了目標。**如果你的目標是釋放自己的自我負擔，為世界奉獻真正的天賦才能，那麼，一位在靈性上更成熟、不會讓你沉溺在舒適的安全感和消遣的女性，才會是你生命旅途上的絕佳盟友。

41 化性慾為生命的贈禮

男人一看到美麗的女人，會自然地在體內感受到能量，而他通常會視之為性慾。男人應該學習循環這提升了的能量，更不該把它浪費在遐想上。

他應該深深呼吸，讓能量在整個身體裡充分循環，他應該將這種提升了的能量視做天賜的贈禮，這能量可以療癒身體、使之恢復青春活力，然後再藉由他奉獻自己的天賦才能去治癒重建這個世界。經由這些方法，他的慾望會轉化為心靈的圓滿，他的肉慾會轉化為奉獻。

然而，否定性吸引力是無法轉化慾望的，男人應該要能夠充分地享受它，引導它在他全身裡循環（不要容許它在遐想中停滯不前），並發自內心地回饋給這個世界。

如果你像大多數男人一樣，在看見令你興奮的女人時，你的性能量多半會傾向直接流向兩處：一是腦袋，使之衝動而想入非非；二是性器官，這樣的衝動會讓你慾火中燒。

然而，你的頭腦與性器官只不過是你整個身體的北極和南極，陽性男子漢會引導這股被激發的能量在全身循環運作，尤其特別留意不使它停滯在色慾幻想或紓解生理需求。

性慾的目的是創造，生育只是創造的生物學層面，身為男人，除了繁衍後代，你的性慾能奉獻給這個世界的其實更多，正如美麗的女人除了能夠激發生物繁衍的慾望，她們也能啟發藝術、社會和靈性創造力。

在這個方面，大多數有創造力的男人都會承認，在某種程度上，女人是他們的繆斯女神和靈感泉源。是女人把他們帶進這個世界，也是女人推動他們去創造和服務人群——事實上，有些男人甚至認為，如果不是為了女人，他們根本不會對這個世界感到那麼有興趣。

假使你是男人，你可能會發現自己時不時受到某位女性的鼓舞和啟發。這樣的鼓舞啟發通常是暫時的，因為大多數男人並不懂得如何培養與女性的關係。大部分的情況是，他們受到了女性激發，接著在猛烈的抽搐中一下子噴發出來（不論是思想或射精），然後，他們又會在其他地方——不論是其他女人，或是其他陰性泉源（諸如酒、毒品、大自然）——去尋求靈感和啟發。

然而，倘若你學會控制，而不是只會積累思想和性慾緊張再一下子釋放，那麼你就可以持續不斷地培養並拓展你的靈感，擺脫耽溺於性愛或酒癮、毒癮的惡性循環。你將能善用性慾的天真力量，為你的女人，同時也為其他女人，把你對遐想和色慾的偏好轉化為靈感的力量。

感受你的性慾，感受它的本質，完完全全地感受。性慾反映著你的渴望，以及與陰性融合的真正慾望，你強烈渴望盡可能的深入與穿透，沐浴在她璀璨怡人的陰性光

身為男人，除了繁衍後代，你的性慾能奉獻給這個世界的其實更多。

芒中，讓你陽性的魂魄受到滋養，並向她完全奉獻自己，在這樣的付出中渾然忘我，也讓你們倆在你的爆發性獻贈裡超越自我、完全的解放。

這樣爆發性地獻贈你所有的天賦才能，將能成為你生命的基礎——不僅僅是在性愛裡獻身的那一剎那。

一旦你感到對任何女性懷有肉慾或渴望，請深深呼吸，讓這個慾望感受拓展，更加的拓展；然而，別只讓這能量停滯在腦袋或性器官，而是使之循環全身。請利用呼吸做為循環的載體，讓你全身的所有細胞都能浸淫在激發的能量中。請把這能量吸納入你的心中，再從心中向外感受，感受這世界就宛如你的愛侶；接著吐氣，讓你自己進入這個世界，巧妙且自然而然的深入她，打開她，讓她溶入愛。

經由這些方式，讓女性的性感幫助你發掘、奉獻你的天賦才能，而不是深陷在亢奮和耗洩的空轉循環中消磨自己。

42 維持關係的新鮮感是你的責任

無論是出於有意的選擇或因熟悉而激情不在，男人一旦否定自己對女人的慾望，代表他連對世界都失落了自己的兩極性。他搞不好會去找小三來刺激自己，但被此激發的活力通常只能短暫維持，還會把事情搞得很複雜。何況他同樣會因為熟悉而對小三失去新鮮感，這只是時間早晚的問題。

任何一個女人在面對一個對她失掉兩極性的男人時，都會感受得到他對她的抗拒和厭惡，感受到他想要轉身逃避她。至於她，通常會因而變得憤怒和具破壞性。她那「沒有男人愛的耕耘」的能量開始混亂流動，甚至變得具有自我毀滅性。

如果男人想和他的伴侶及世界維持關係的話，那他就一定要和她們培育兩極化的吸引力——這一點，男人責無旁貸。

你是有選擇的。你可以選擇禁慾獨身去奉獻你的陽性天賦才能，只跟世界和女人保持最低限度的關係。你當然也可以選擇全心全地為這世界和伴侶獻身，如果這是你的選擇，你就必須與她們維持一定程度的兩極性——相互的吸引力，要不然，你就會走上拒絕和怨恨這個世界和女人這條路，連帶著你奉獻自己陽性天賦才能的能力也會減弱。

一旦你幾乎是「忍受」你的伴侶、而非深深滲進她的存在——你大概就見識過她這樣的臉

寵：面容枯槁、神情憔悴，一張臉拉得長長的，控訴著她缺乏陽性堅定不移的關愛力量，來使她的身心銷魂狂喜；你很難從她臉上看到真正的開心，取而代之的是一臉愁苦。

她的怨憤最終會轉而向內，使身體開始出現疾病的徵兆。你將眼睜睜看著她的肌膚凋萎不復光采，你會開始嫌棄她的氣味；隨著沮喪和消極一圈圈地綑綁住她，她對你也將愈來愈沒有吸引力，最後，她理所當然地被剝奪了正常的人性情感。當事況愈演愈烈，她看上去面目可憎、陰沉黯淡，你愈看愈反感，所以從中完全抽離，留她自己面對她核心的貧瘠荒蕪。

或許你們會因為相愛而勉強維持目前的關係，但是你們完全失掉了兩極性；沒有了對彼此的吸引力，你們只會互看不順眼，不再擁有激情。與此同時，你可能也會開始對這個世界漠不關心，你會逐漸對自己的事業和計畫失去興趣，甚至考慮換個工作、換個女人交往——跟心灰意冷的伴侶及你單調乏味的工作相比，「新鮮感」這件事本身對你更有吸引力、更讓你有勁。

你是對的，新對象和新工作會讓你興奮、精神為之一振，但這恰恰是那種凡夫俗子型的男人會搞的名堂：他會去守著一個讓他深感興趣、讓他興奮的女人和事業，然而一旦他對新女人或新工作的興趣和熱情退燒了，他就會故態復萌，繼續追尋下一個、下下一個有望帶來兩極性和刺激、使他精神振奮的泉源。

扼殺一段關係的幸福快樂的，並不是時間，而是缺乏新鮮感、中性化（性平衡），以及缺乏目標。別的男人可能覺得你的女人很有吸引力，你卻只視她為一雙還算合腳的舊鞋！然而，**破舊的或許並非你的女人，而是你的慾望能量**。你大概會盡量減少和她的交集，然而重點其實在於，你之所以對她缺乏慾望——唯一的原因就是你缺乏慾望。你待在她身邊的時間太久了，以至於你們互相磨蝕，就像兩塊磁鐵互相消去磁性。你對她的熟悉助長了去兩極化，而去兩極化助長了伴侶間的互相厭倦。

每回你視你的女人為育兒幫手或哥兒們，你就是在中和你和她的兩性差異，而正是這種差異使你受到你年輕的臨時保母或事業夥伴所吸引；相對於你每天接觸到的其他女性，你漸漸地在性激情上以更中性的方式來對待你的女人。

在性能量方面，你的女人可能比你更加敏感，她說不定比你更早一步感覺到性平衡——即去兩極化——的狀況，她的第一個反應是感到自己被拒絕，那並非是鋪天蓋地的巨大改變，而是以細微卻綿長的方式持續不斷地損害她的陰性光芒。即使她光采耀眼，但相對於公車上的其他女性，你以更中性的方式在對待她，這會讓她覺得很受傷，因而整個人變得黯淡無光，而你又覺得這樣的她不夠吸引你。

儘管會在去兩極性的沉淪漩渦中愈陷愈深，你們雙方都有推波助瀾的份兒，但你不應該責怪她，真正的超凡男子漢應該承擔起全部的責任，也要明白最終他並沒有控制權，所有一切都不在他掌握之中。他會以堅定不屈的勇氣和鍥而不捨的毅力去行動，唯一的期望就是完全奉獻他的天賦才能，以得享內在的圓滿。

當你的女人顯得畏縮封閉、黯淡無光，甚至徹頭徹尾的變得醜陋之時，你得要捧

> 扼殺一段關係的喜悅的，並不是時間，而是缺乏新鮮感、中性化（性平衡），以及缺乏目標。

她做一個女神——她需要你傾注神聖的愛去滲透她的身心。當你對她的陰暗情緒升起厭惡感時，你要能察覺到這個情緒的浮現，並負起轉化她的全部責任。你知道你自己可以多盡心盡力於完成某項工作，你得以同樣的狠勁和專注去應對她的情緒。這是給你的挑戰！

你可以用很多的愛和幽默去滲透她的身心，以至於她不由得大笑、放鬆、散發光芒嗎？你能像對待極具新鮮感的小三那樣逗弄她，以充滿性愛意味的方式去輕撫她、凝視她，引導她盡情地當你的親密愛侶嗎？

你鐵定有千百萬個不願意——一旦你變得去兩極化，你最不想做的事正是去碰觸那顆「馬鈴薯」，對她提槍勃起……然而，**這恰巧是真正的男子漢會對他的女人和他的世界做的。**

他知道，當一切只剩下「枯燥乏味」四個字可以形容，那是因為他自作自受；他也知道，唯有專心一意奉獻出自己的天賦才能，他才會感到真正的快樂；他還知道，去兩極化正表示他不再全心全意地奉獻自己，這個世界和他的女人當然也不再圓滿地回應他。

有時，你的確必須選擇換個新工作或更適合的伴侶，如果那會讓你真正的成長的話——使你目標清晰、有力量，並且是讓你得以持續奉獻天賦才能的新層次——那就沒有問題。然而，實情多半不是這樣的，導致你開始有「換個口味」的衝動的，通常是因為：你不再竭盡所能地奉獻和給予，反倒是日復一日的一成不變，你只是在混日子，而不是在創造。

你或許花了數十年應付一份工作，到頭來才意識到自己蹉跎了大半人生歲月；不過，如果你應付的是你的女人，不消幾分鐘她就會讓你見識到她的痛苦：她的面容會向你說明一切，她的語氣會讓一切昭然若揭，她看似變得醜陋了，而這反映她的光芒正在崩潰——因為你模糊不定的慾望。**她的陰暗情緒在你看來有多醜陋、多讓你厭惡和抗拒，你的敷衍和動搖正給予她同樣的感受。**

想要一個男人重拾他完滿的目標，只需要有一剎那讓他面臨真正的挑戰、讓他面對他必須調動所有精力做到最好的緊急情況或威脅；相對來說，只需要一剎那的讚美和深深的欣賞，就足以重新召回女性的光芒——無論是在商店、水療中心，或者和你一起在廚房的餐桌上，只要男人不吝於給予她讚賞。

與其因為你的過度軟弱，無法克服自身的中性化以致缺乏慾望，而決定另尋芳草或轉換跑道，不如迎接挑戰，在刻板枯燥的世界和你消沉枯萎的女人面前，毫無保留地展示你的愛。用你的身體和心靈去粉碎她的黑暗，帶著她進到愛裡。即使她總是愁眉淚眼、齜牙咧嘴、看起來不再美麗，但她仍然是喜愛婀娜起舞的啊——她是會消竭你的能量、得理不饒人地念你，還是臣服於你無懼的激情之下，全都取決於你有多自由、有多少傳播愛的力量。

> 只需要一剎那的讚美和深深的欣賞，就足以重新召回女性的光芒——只要男人不吝於給予她讚賞。

43 讓她的光采成為你生命的動力

好女人是男人靈感、魅力的泉源，引領他進入世界。但是他絕對不能忘記，這個世界和女人都不是他存在的目的，他的生命實踐永遠都應該是：不受壓抑且不帶蔑視地透過女人和世界去感受他內在的本源或原始本質。

男人應該轉化女人的魅力，從被女人吸引過去，轉化成被吸引去穿越女人。他必須不受壓抑地感受到自己的慾望，然後穿透慾望，直達慾望的能量泉源；他得感受她的美麗，直抵根本的喜悅——她的美好，不過是這喜悅的漣漪和暗示。他和外境的整個關係，都體現在他和女人的關係當中，不論是迷戀、分心，抑或神啟。

崇拜女性時，千萬別忘了她們終將遲暮、身死；在享受快感和喜悅的同時，別忘了你的感覺轉眼飛逝，你無法絕對的滿足。女人會吸引你、治癒你並激發你的天賦才能，但她們無法絕對的滿足你，永遠不能，而你也知道這一點。這就是女人會讓你如此悵然若失的原因，或許每日都有很多次，她們讓你滿懷希望，吸引著你，然而，在這一生中，你已經吸取多次教訓，也會繼續受教而明白——她們永遠無法完全滿足你的期望。雖然女性似乎就是那圓滿的實現本身，但實際上，你卻無法在女性的形態裡找到那圓滿的實現。

你的身體渴望她的身體——這個互相吸引的遊戲是「看似圓滿實現」的最明顯騙局。如果你曾得到你一直渴望的女人，就會明白她並不像你所期望的那麼好——至少那份美好的感覺並不會持續很久。然而一次又一次地，你仍然會不斷被同一個女人或不同的女人所吸引。事情永遠都會變成那樣，你被自身慾望的海市蜃樓欺騙了、你被自己的興奮所矇蔽了。然而，這不能去怪女人，她們就該讓人來珍愛。

並且，你要徹底深入地去感受女人。假如你感受女人時，只是純粹被你對她的形貌的慾望牽著鼻子走，那可就太愚蠢了——公牛和家蠅也會被雌性的形貌和慾望猛拉著走。這是妄想、慾望和需要的惡性循環，就像追著自己的尾巴轉圈圈，但你就是花了大半生命來凝望、思慕與渴求女人。這並不是能輕易擺脫的事，但你可以徹底的去感受。就像彈弓一樣，你可以利用慾望的動能直達根源——女性看似是那個能滿足你期望的根源，但其實她不是。

女人是你週遭一切表象的縮影——不論是實質的或潛在的。就像女人那樣，表象的一切似乎都向你承諾能滿足你所有的渴望，例如事業有成、女人愛你、肉體的快感、毛孩聽話，而當你無法如願時（輸錢、另一半恨你、身體不適、毛孩咬你），你就會感到不開心。

相對的，當你得到你所渴望的事物時，你的不開心就會減少。

然而，一旦你不再對任何表象有所需求，你的不開心就會降到最低。好比你只是開著車，並不期待著什麼，看著車窗外兩旁的樹木往後飛逝，可能正是這種時刻，你會頓悟到所謂的「完美」。香甜的深眠、性高潮、釣一整天的魚、注視嬰兒的眼睛，這些情景則可以讓你從長久以來的尋覓中放鬆下來，並且意識到你其實已經擁有你一直在追尋的一切——**表象所應允你的，只是在啟示你內在深刻極樂的本質。**

你所不停追尋的，正是你本身，你卻離開自身的內在深處，向他處張望尋找，而遍尋不著的壓力又製造出對釋放的需求——如此循環不止。你正在追著自己的尾巴轉圈圈，而在大部分的時間裡，那條尾巴就貌似一個女人。

然而，你不必停止追求。恰好相反，繼續追逐吧！請容許自己去感受你有多渴望她，感受你的心有多癢，感受到成年以來一直驅策著你的需求：你渴求著女人，無論是真實的擁有，抑或是在幻想中獲得，並且從中發現你真正想要的是什麼——你擁有了乳房，你擁有了女陰，你得到了陰性能量的滋養，並嚐到了狂野的激情。然而，它們都不長久，甚至若能持續下去，卻也變得不再那麼美好……你的需要比任何女人所能提供的都更深刻、奧妙。那麼，它就究竟是什麼呢？

你的終極需求，是意識和它本身的光明融合、合一，在圓融合一之中，一切表象其實都是你自身深刻極樂本質的呈現，那便是唯一。至於你渴望與女人結合的慾望，則是這個終極靈性需求較弱化的版本。

你可以運用慾望做為通往靈性的圓融合一的路徑。拓展你的慾望直至瘋狂的邊緣，深沉飽滿地呼吸，保持這樣的慾望，放鬆身體，並且敞開心靈。如果你有對象，**擁抱她，毫無保留的給予她你在她身上渴求的一切，完完整整地全部奉獻給她。**給予

你所不停追尋的，正是你本身，你卻離開自身的內在深處，向他處張望尋找，而遍尋不著的壓力又製造出對釋放的需求——如此循環不止。

她你渴望從她身上得到的一切，豐盛到你們倆無法分清彼此，追逐者變成了被追逐的尾巴，直到你們強烈的自我釋放，萬物萬念俱寂，這就是唯一。

你意識的光芒閃現為世界，它以女性之身顯現，反過來凝望著你。她往往以你的恐懼和渴求之貌而出現，她是女神，準備好佔有你、「殺掉」你並啟發你！她的呈現、你的渴望，可以是一幕幕永無止息的需求戲碼，或是二者可以融合在一起，成為通往神聖泉源的道路。

在被女人吸引的時刻，讓你的慾望去感受她，但請不要止步於此，你要深入徹底地去感受她。請經常這樣做：做愛時透過她的身體感受她；她大發雷霆時透過怒火感受她；她變得醜惡時透過這樣的陰暗去感受她；她對你散發強烈的吸引力時透過她的美麗感受她。

穿透女人所有的形貌去感受她，陽性男子漢就不會分心或痴迷，他的專注感受會穿透他者鏡花水月般的表象，在那合一的神啟中，從需求中被釋放出來。

慾望能成為你通往深層一體的大門，性愛的合一不過是意識與其內在光明的融合較低層次的體現。你擁抱你的女人，視她為自己的形體。這樣深層一體的神啟，就是愛。

女人可以引領你朝向自身的真實本質，抑或把你推得離那本質愈來愈遠。你在面對周遭一切表象和女人的每一刻，既可以讓你痴迷、讓你分心，也可以帶給你神啟。請注意那些讓你分心的，乳房、臀部、財富、聲譽……透過感受穿透這些事物，去實踐合一的神啟。你可以和你的女人一塊兒認真的實踐，向她臣服，深入她來臣服，直達那看似他者的深層（事實上那正是你）。

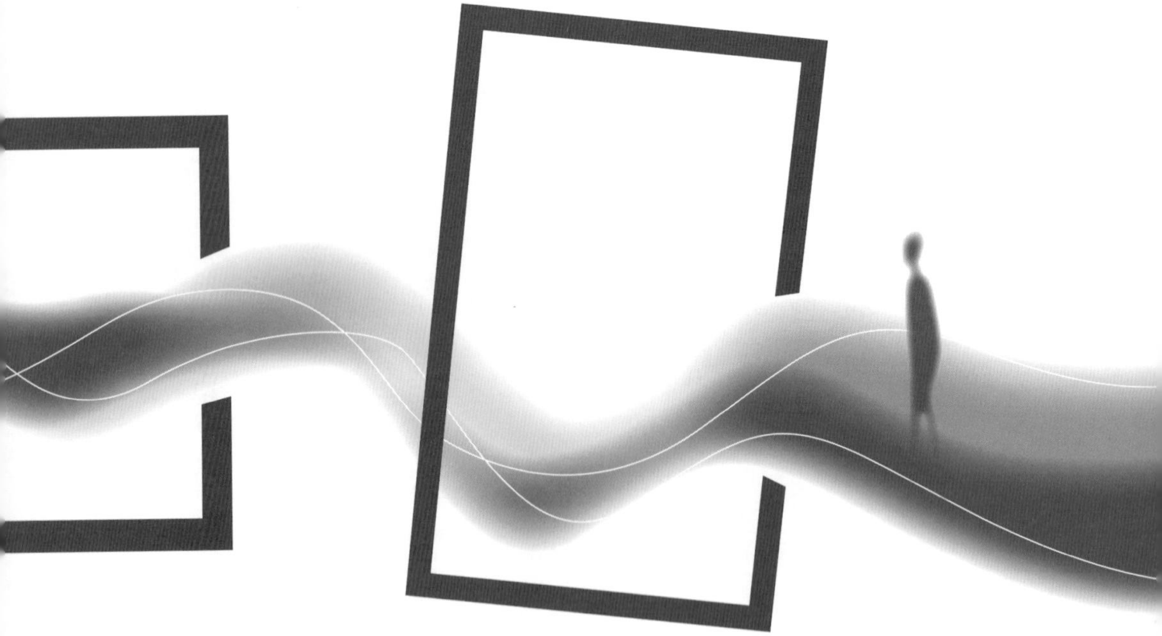

Part 7

身體實踐

假如射精不是你有意識的選擇，
你的女人就會知道她在性愛上掌握了你，
她對你的信任感就不足夠到能在你愛的力量中完全放鬆。

44 射精應該是男人有意識的選擇

有不少生理和精神上的理由，指出我們應該轉化射精為不射精的全身、大腦和心的性高潮，當然，這當中也有親密關係上的理由：

一旦男人無法控制自己的射精，他就無法在性愛層面或者是情感層面上應對他的女人，如此一來她便知道自己可以削弱他、耗盡他，徹底掏空他的生命力——她贏了！

如果他很輕易地就射精，她會對他產生不信任感，她會認為自己和世界可以輕而易舉地耗盡他，使他失去兩極性。這種細微的不信任感會滲透到兩人的關係裡，她不只不信任他，還會以實際的行動削弱他在世界的行動——她透過削弱他來揭露並考驗他的弱點，同時又希望他可以通過考驗，進而學會保持完滿。

除非你體驗過超越射精的更強烈快感，否則你不會願意繞過射精這件事。接下來的一些日子裡，請你注意觀察自己射精後幾分鐘乃至幾日內的感覺。

如果你平日生活一直處在高壓的節奏當中，射精會讓你得到暫時的釋放和放鬆，然而，假如你的生命活出愈來愈多的真我意義，你應該就不會累積那麼多壓力，那麼你將會發現——事實上，射精會極大程度的耗洩你的精力，使你變得衰弱。

射精的確會讓你有些許片刻的感覺良好，但是這樣像性器官打噴嚏的代價，是讓你的日常生活變得更加平庸，你會發現自己沒有額外的熱情和精力去把生命活得更無懈可擊。射精無度雖然是為了使你的生命「感覺良好」，但那絕對不會讓你的生命完滿美好。

射精無度會在不知不覺中漸漸地削弱你去冒險的勇氣——不論是在事業層面，或者是靈性層面。

你會甘於得過且過混日子，反正生活舒適就好，你會發現自己寧可去看電視，也不願寫你的小說、靜坐沉思，或者撥一通重要的電話。你本來會有足夠的動力去過好生活，但射精耗盡你「披荊斬棘」的能量——那是你穿透懶散的高牆、衝破世間阻礙所必須的能量；你大部分的天賦才能，也因而無法奉獻出來。

你的女人也能感受到這一切！成功讓你射精或許會使她「性」奮無比，也能短暫地讓她心花怒放，她甚至可能會提出你若不射精，她的性愛就無法感受到完滿，但假如你常常且很快的射精，你實際上是無法使她更深層的某個部分圓滿的。

大多數女性在性愛過程裡會經歷很多次性高潮，而且是愈來愈深刻的性高潮，然而更重要的是，**大部分女人的性器官與心之間有著天生的連繫**，一旦你射精完、無法繼續勃起，你可能正在剝奪她的心去接受和表達的完整能力。

她這樣的能力，需要你花許多時間無畏無懼、沒有壓力地插入、與她交融，並在放鬆、深情和愛液滿溢的情況下，才能引發得出來。

事實上，射精會極大程度的耗洩你的精力，使你變得衰弱。

話雖如此，這並非是你用性器進入她身體那麼簡單，最能碰觸到她深層的進入，主要是你在愛中深入她、向她臣服拜倒；最令她陶醉狂喜的，是你圓滿覺知的當下存在，也就是以你的意識直探她的身體。

你得老實承認，如果你像大多數男人一樣，那麼在射精一、兩次之後，你就不會再想深入探索她，繼續使她如痴如狂。

你會滿足於在釋放了緊繃的空虛中放鬆，你不會像射精前那般殷切渴望進入你的女人——不論在肉體或感情層面都一樣。

你的女人感受得到你缺乏慾望，她也會有一種直覺（也可能是在潛意識中），認為你對這個世界同樣缺少慾望：如果她能耗盡你，那麼這個世界當然也可以；倘若她等著你奉獻上最深層的天賦才能，而你只是毫無慾望地頹倒在床上，那麼這個世界可能也會像她一樣在空等。她會感覺到你已經向她屈服、你容許短暫的快感損害你圓滿意識的力量，而她知道，你也會向這個世界屈服。

有一部分的她會對自己能讓你射精而開心——你能放鬆並享受自己，讓她感到喜悅，但另一部分的她卻會覺得失望——你容許自己選擇得到短暫而愉悅的抽搐，凌駕於你讓她和這個世界去擁抱那無止境的極樂狂喜。

有時候她甚至不知道自己究竟想要什麼——假如她從未和在性愛裡有圓滿意識、不屈服射精的機械化生理反射的男人在一起過，她不會對自身這樣的潛能有所認知。她不會知道性愛原來可以有多麼深刻、多麼狂喜銷魂，因為她從未體驗過在愛中徹底融化。若她有這樣的機會，她將會在臣服下超越自己的封閉，持續地心蕩神馳，直至再也沒有什麼可以消融，只剩下完全的開放、愛，她會因而光芒四射且充滿活力。

出於守護自己受傷心靈的需求，有的女人會寧可你射精，這樣她們就不必在性愛中徹底地敞開自己、也不必向你暴露她們的內在深處。

她們知道，替你口交或是與你交媾半個小時你便會射精，然後事情就可以告一段落。她們不願意你一直堅持突破並超越她們習慣的封閉，她們寧可維持這種可控制的主導狀態，想要什麼時候就什麼時候逗得你射精。

若你引導女人超越封閉的能力健在，這樣的女性最能夠在親密關係裡受益，也正是這樣的女性，特別能夠讓你培育堅持奉獻愛的能力。這個世界本來就不斷地在考驗你，考驗你在面對拒絕時是否有能力堅定地奉獻自己的天賦才能，而一個抗拒你關愛的女人，正是這個世界在這方面的體現。

其實正和你一樣，你的女人在內心深處只渴望著愛，而「拒絕」只是她恐懼的一種表現方式。她可能在童年時期受過傷，以致害怕去感覺；也有可能她在成年後被傷害過，所以害怕自己的敞開會再次遭到傷害……然而此刻，一切情感上的抗拒都只歸向一個重點——

其實正和你一樣，你的女人在內心深處只渴望著愛，而「拒絕」只是她恐懼的一種表現方式。

拒絕愛。

你能奉獻的陽性性愛天賦，就是想方設法去逗她、哄她，發揮你的幽默感，讓她激動驚訝，輕撫她的愛，使她融化穿透層層的恐懼。別把你自己的需要強加在她身上，而是讓你的愛滲透她的深層——那裡完全為愛而開放，那正是愛本身。你就是要這樣誘導她。

別急，慢慢來，持續地這樣做。不是透過交談，而是藉由身體傳遞的當下存在、關懷、意識與性愛交融的流動深情。

一旦她感受到你的愛絕對值得信任——你真正的與她同在，獻身於愛，而且不迷失在只顧享受快感的自我封閉抽搐之中——她就會用她那最脆弱的核心去信任你。

不過，在那之前卻不是這樣的。每次她感受到你沉迷於自己的快感而扭曲糾纏，她會覺得你「離開了」、不存在於當下，也不可信任。她可能會喜歡自己能夠讓你射精，但在她更深層、也許是沒有表達出來的層次上，她其實不會信任你。她為什麼要信任你呢？她為什麼要暴露出自己最深層的部分、她為什麼要暴露自己最脆弱的心靈，卻只讓你蜷曲在一陣猛烈和自我耽溺的滿足、射精後便從關係中抽身，而對她再無興趣？

每一回她以口唇刺激你到無法控制而禁不住射精時，她征服了你，她控制並駕馭了你。她在性愛裡居於主導地位，無論你在射精前耍了多少花招，她只消輕輕轉動舌頭，溢出嬌柔的呻吟、擺動她柔軟的腰臀，就可以輕輕鬆鬆讓你耗盡精力。同時，在她的內心深處，她明白這個世界也可以這樣擺平你。

陽性核心男子漢會選擇偶爾才射精，這是他有意識的自由選擇，甚至在歡愛前就已經決定好了，而不是在為時已晚，在生理的雲霄飛車開始從最高點急速墜落，直至發出狂吼釋放的失控瞬間才做出決定的。他是透過性愛去全心全意地奉獻並拓展愛，所以不讓他的女人和自己的心完全臣服於神聖結合的圓滿，誓不罷休——這種在愛中消融的快感，遠遠超越普通的性器迸射，而一旦男人或女人跨越了這樣的性愛承受力，就可以隨心所欲地繞過或推延射精。

正如同你的女人會在情感上考驗你，她同樣也會在性愛上考驗你。當你企圖不射精時，她會積極熱情地「引爆」你的射精狂潮。然而一如既往，她最深刻的喜悅，是感受到你的完滿、你的力量、你的愛——即便此刻她正在考驗你。

當你堅持住不射精，並證明對你而言完整圓滿的愛比性器的上膛噴發帶來的釋放快感更為重要，她才可以真正信任你；不過，即使你已經證明自己有能力為了你們倆更深刻的極樂而選擇不射精，她往後還是會繼續考驗你愛的能力。

總之，關鍵重點就是——

假如射精不是你有意識的選擇，你的女人就會知道她在性愛上掌控了你，而只要她知道自己才是主宰的那個人，她對你的信任感，就不足夠到能在你愛的力量中完全放鬆，而是一直保持某種程度的自我保護狀態，守護好她自己的心靈。她不會深深臣

陽性核心男子漢是透過性愛去全心全意地奉獻並拓展愛，所以不讓他的女人和自己的心完全臣服於神聖結合的圓滿，誓不罷休——這種在愛中消融的快感，遠遠超越普通的性器迸射。

服於你的擁抱，以至於無法在與你神聖結合的光明中舒展開來，反而寧可在你失去興趣之前盡她一切所能，能擠出多少「濕潤」的快感是多少。

要是你嗜射精成癮，那麼你的女人不論在性愛、情感和靈性層面都無法圓滿，而且這個世界也無法因為你的天賦才能而完滿——在很多方面皆是如此；你熱衷於射精釋放的循環，會讓你無法完滿且有意識地消融在你最深層的泉源之中，你真正的天賦才能也因而無法湧現。

藉著強化你實踐最圓滿性愛融合的能力，你同時也強化了自己融入生命本源的能力，並且飽含天賦才能地再起，胸懷目標的屹立勃起，面對這個世界的阻礙，奉獻上你最深層、最獨特的天賦才能。

真正的男子漢會讓自己融進奧祕，充滿愛地再起去奉獻，一次，一次，又一次，永遠不消滅——無論是面對他和女人的親密關係，還是為他和這個世界的創造性關係。

45 吸氣把能量往下灌進身體正面

想像你體內有一條自上而下的線路，從頭頂，通過舌頭、咽喉、心臟、太陽神經叢、肚臍、生殖器，一直往下到會陰，每個男人正面身體的這條通道都很容易出現能量阻塞。

駕馭世界和女性的主要身體關鍵，就是讓自己的身體正面保持敞開而飽滿，訣竅是透過完滿而放鬆的呼吸，讓能量在身體正面從上向下運行，並讓自己從神經質的自我關注當中釋放出來。

緊張時，你的胃部會痙攣緊縮；難過時，你的喉嚨像是被什麼東西給鯁住；受到威脅時，你的太陽神經叢會覺得不適；沉思時，你的額頭會起皺；感到前路未卜時，你的下顎肌肉會收緊……這樣一天下來，在大部分時間裡你的身體正面都處在緊繃收縮的狀態，從頭頂、通過胸部、一直往下到腸胃。

你的正面身體——尤其是腹部，是你的能量與世界能量交會之處。

當你的正面身體是舒展而放鬆時，能量便自由流動，你會顯得更有存在感。你或許遇過某些人，你會覺得他們似乎比其他人佔據了更多空間，他們很容易就成為眾所矚目的焦點，即便他們沒有刻意去做些引人注意的事。這樣的人，他們的正面身體是敞開的，因而能量可以暢通無阻的流動，拓展他們的存在感。

這樣的人會非常放鬆、坦蕩、從容，並且專注。他們不會因為關注自我而蜷縮，不會拱背、彎腰，彷彿整個人陷進自身凹陷消瘦的胸口；不會咬牙切齒、呼吸淺薄——人一旦緊閉胸部和腹部，就是這副模樣。

假如你的正面身體不斷累積緊張，那麼在一天當中，甚至長年累月，你會連挺直坐好都辦不到。當你的胸腹緊繃，你的所思所想就會只圍繞著自己，這是因為你的能量始終被壓抑束縛在你的腦部，導致你的覺知只關注到自我。如此一來，你就無法展現出自己的強大存在感，甚至沒有人會注意到你的存在。

現在，**注意你的呼吸**。

你吸氣的深度是否深沉到能感覺性器都微微膨脹？你的腹部是否隨著你的呼吸而起伏，就像一個強而有力的風箱那樣？你的腹部和下腹是力量的特殊寶庫，如果你的呼吸無法抵達這些區域，你就無法為自己儲備能量。如此一來，你會感到虛弱、沒有自信，你對世界也將無法產生太大的影響力，遠遠低於你原本的全部潛能。

深深呼吸，從鼻子吸入，去穿透身體裡所有緊張的部位。先深深吸氣，使所吸之氣直抵下腹部，然後吐氣。下次吸氣時，將空氣吸入下腹部和上腹部，接著吐氣。再吸氣，要讓氣充滿整個腹部，然後是太陽神經叢和下胸腔，然後吐氣。再吸氣，依序充滿腹部、太陽神經叢和整個胸部，然後吐氣。就用這種方式呼吸個幾次，讓氣充滿你的腹部、太陽神經叢，最後是胸部，然後緩慢且平穩地徹底吐氣。

一天當中的任何時候都可以找些時間來練習這種呼吸法，同時要特別注意身體緊繃或緊閉的部位，如果你的肚臍周圍感覺特別緊，就把氣吸進這個部位——讓你的氣確實地進到這個部位，然後用你吸氣的力量去打開它。

在吸氣時將整個身體正面敞開，就像在幫氣球充氣那樣。透過這種方式，你可以抵抗那些堆疊並積存在你身體裡的恐懼和焦慮所造成的不良影響，防止它們削弱你在這個世界的存在感和力量。無論何時，只要一感到正面身體的緊張，就把氣吸進那個部位，打開它。

身體產生緊張的主因，在於把注意力不停轉移到自己身上，你過於專注於自我，緊緊地把自己蜷縮成一團，以至於揪緊纏結，無法伸展開來。所以，這個狀況的主要治療法就是——為他人奉獻自己。

一旦你注意到自己在反覆思量自身的問題，導致能量糾結而使得身體緊張，請試著用這份能量為他人創造一份贈禮，從簡單的替人洗碗，至複雜到創建一個有益於大眾的事業，都可以——**你的緊張其實是你的某種天賦才能之能量被困在你體內，無法展現出來，才導致的堵塞。**

呼吸，是你個人能量的一種體現；你呼吸，也是你向這個世界奉獻贈禮的主要方式之一。你可以用呼吸去打開他人的緊張和纏結，一如你運用呼吸打開自己那樣：假

身體產生緊張的主因，在於把注意力不停轉移到自己身上，你過於專注於自我，緊緊地把自己蜷縮成一團，以至於揪緊纏結，無法伸展開來。

設你正和一個看似很緊張的人在一起，不妨設身處地去感受他的緊張，然後把氣吸進那緊張裡，就好像那是你自己的緊張似的。用你吸氣的力量去打開他的緊張，然後吐氣，釋放你和他的所有緊張。用你吸氣的力量打開他的纏結，然後吐氣釋放所有的緊縮，只剩下放鬆和愛。

這一切都不需要任何的身體接觸，事實上，對方說不定甚至完全沒有發覺你正在進行什麼不尋常的舉動。

你可以在工作中、與你的伴侶相處時，或在公車上對所有乘客實踐這項練習；要是你是獨自一人在家，可以去想像世界上所有的緊張，並將生命力吸進那樣的緊張中，並用這力量打開它，然後吐氣，把緊張釋放出來，讓它融化進愛裡，就像把一把鹽撒進大海裡。

實踐這種呼吸法，你便可以將聚焦於自我的注意力釋放掉，從而改善你身體正面的緊縮纏結，並進一步活出你的真實身分——為他人服務，而他們也會以本身的方式為你服務。

這樣的實踐練習對某些人來說似乎頗為怪異，但在視之為無稽之談而打回票之前，你不妨先試一試，實踐一下，親自看看結果究竟如何。

下次你跟人開會時，將氣深深吸入正面身體裡，打開你身上所有的扭結，讓你的力量擴展到整個辦公室內，以做為祝福。然後呼氣，感覺所有的壓力都溶解在愛的海洋裡。去感受他人的不安，用你吸氣的力量去打開，然後隨著你的吐氣來溶解他們的扭結——用你有意識的關愛去瀰漫整個空間。

就是當下此刻，深吸氣，使氣沿著身體正面下降，完全打開你的腹部、太陽神經叢和心，讓你圓滿的力量向外擴展，穿透、超越你所在的空間，讓呼吐吸納的有意識力量能滲透所有人。

在一整天當中，以這樣的方式來和世界「做愛」，滲透並溶解所有的不安。你要感覺世界像一個赤裸的女人緊貼著你，脆弱而有生氣，讓你正面的身體緊貼並穿透世界的身體，解開它積累的痛苦扭結。

除此之外，在性愛中擁抱你的女人時，請以相同的方式，用你的呼吸去打開她的身心，用你關愛的力量，把氣沿著她正面身體往下送，就像這副身體是你自己的一樣，用愛的能量充滿她的性器、腹部和心。然後吐氣，讓你們倆都徜徉、融化在你的深愛海洋裡。

請經常以呼吸滲透你的伴侶，吸氣，吐氣，讓她的緊張及封閉逐漸消融在你的深愛海洋中，而你，則在奉獻中溶解。

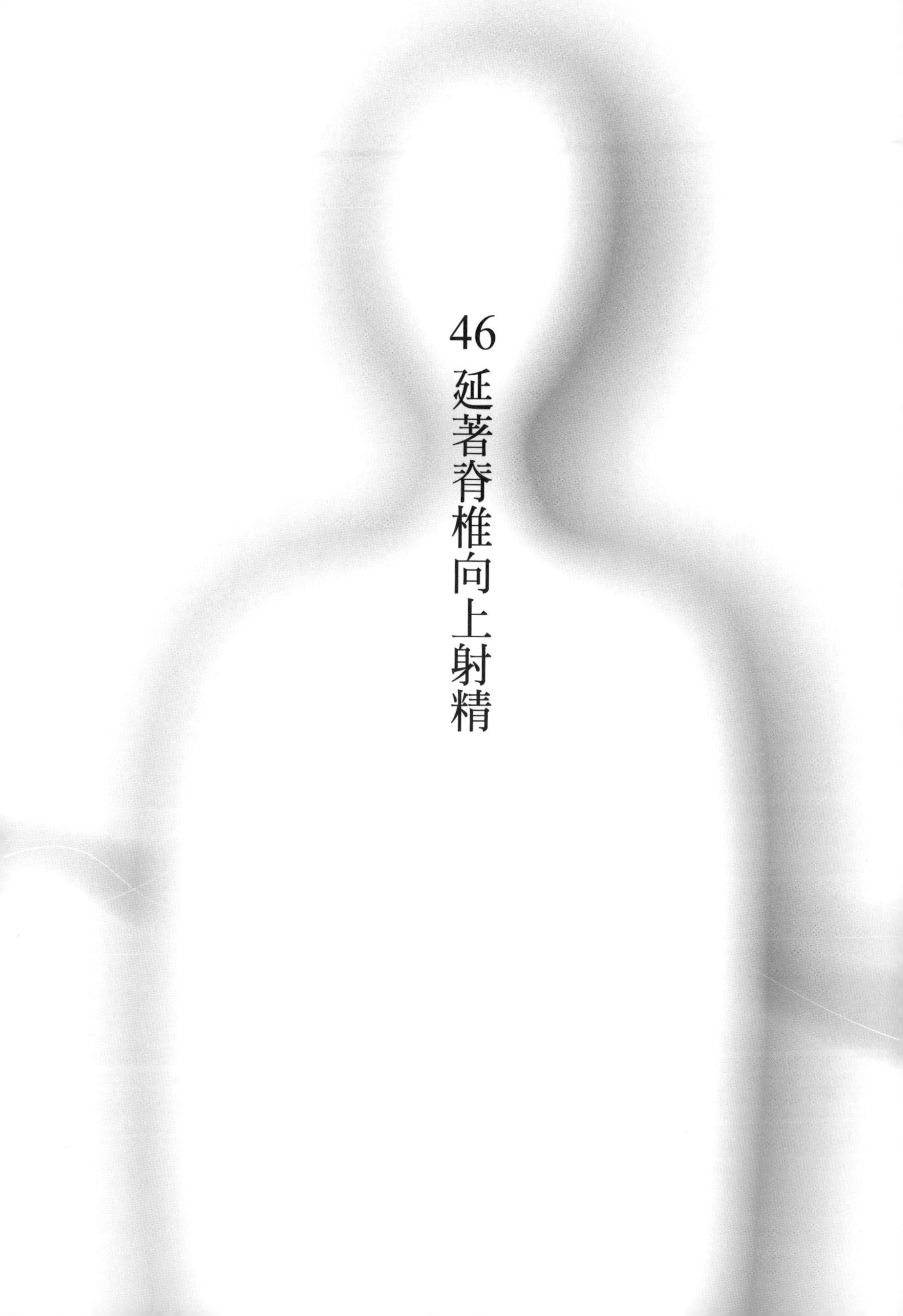

46 延著脊椎向上射精

對大多數男人來說，射精意味著從性器噴發出精液與能量，事後，他們感到自己釋放了緊張和壓力。

陽性核心男子漢的性高潮較常沿著他的脊柱向上爆發，進入腦裡，然後神聖的極樂從頭頂流注全身，使他整個人煥然一新。

想要把洩耗能量的性高潮轉化為使人身心都宛如新生的性高潮，祕訣就在於要收縮性器附近的骨盆底部，利用呼吸、感覺和意志將能量沿著脊椎往上傳送。

怎樣才算是早洩？

有些男人在進入女人的陰道前就射精，還有人性交十分鐘後就射精，然而重點並不在於多久才射精，而是透過性愛，你在無邊無際的愛中交融得到底有多深刻。假如你的射精代表著你和伴侶都尚未完全敞開，愛的行進就已完結，那這就算早洩。

如果你像大多數男人一樣，那你最早的性經驗大概就是青少年時期的第一次自慰。然而，一次又一次的自慰，到最後會使你的身體和神經系統就適應了一種慣性程序：性器刺激→幻想→累積緊張感→射精。

青少年自慰通常是獨自實踐幻想，沒有愛、沒有與人的親密交流。久之，等到他和女人做愛時，也會重複他之前通過自慰習得的相同程序。因為這樣，性愛變得僅是通往射精的道路，沿途上鋪滿的是內在幻象（以內在角度來想像自己執行某項技能）、自我封閉和釋放壓力的慾望。

要充分發揮性愛的圓滿潛能，你必須學會重新調整自己的身體和神經系統，你勢必要學會移除機械式射精的慣性程序，將性高潮轉化成大量的充沛能量，以此讓性愛深化，而不是就此終結。

首先第一步，就是戒掉你在青少年時期自慰所習得的慣性——**不要在受到性刺激時收緊肌肉，而是要學習放鬆**。如果你發現自己的五官扭成一團，放鬆；如果你發覺自己的呼吸變得淺而急促，放緩，使之深沉；如果你察覺到自己的腹部收縮、胸部繃緊，打開腹部、使心臟周圍的區域柔軟下來。

下一步是轉移你的注意力。

在性愛過程中，**你要學習多去感覺你的伴侶甚於自己的感官感受**。別把注意力龜縮限於自己身上，不要只去感覺自己體內的快感流動，而是要向外去探索、感覺你的伴侶，感受進入、穿越她的身體——多去感受你的伴侶，甚於你自己，感受她的動作、她的呻吟、她的內在能量。

透過練習，你遂能徹底感覺、穿透你的伴侶，就像伴侶的身體是扇大門，向著能量、光明和覺知的廣闊開放空間而敞開——這種通暢無阻的感覺，才是不折不扣做愛的基石。

重點並不在於多久才射精，而是透過性愛，你在無邊無際的愛中交融得到底有多深刻。

拓展你的愛，超越你自己，而且遲早也要穿透和超越你的伴侶。這當然是需要練習的，因為你過去十之八九都傾向於把注意力集中在自己的肉體感官上——特別是當你受到強烈性刺激的時候。你必須抗衡這樣的傾向，練習超越自己去感覺、穿透你的伴侶，彷彿你們的相愛中間完全沒有任何的阻礙。

除了放鬆，以深愛來進入穿透你的伴侶之外，你還必須對自己呼吸的力量非常敏感。呼吸能推動生命能量，在你及你伴侶的身體內流轉，要是你的呼吸太過淺薄，生命能量就無法順暢地流過身體，反而會累積起來，並且通常是聚積在你的頭腦或性器官裡。若是蓄積在你的頭腦裡，你會砸愈來愈多時間在幻想性和女人，倘若是聚積在性器官，你會常感到有射精的需要，然後透過做愛或自慰來獲得滿足。

因此，如果你在一天當中都沒有充分的深呼吸，一旦與性伴侶接觸，你就會充滿各種遐想和亟欲射精的衝動。

所以，為了避免早洩，你整天都必須完滿深沉的呼吸，充滿力量。吸氣時要感覺吸進了能量，沿著正面身體往下灌，去充滿腹部和性器；吐氣時則應該像是把能量從骨盆底通過脊椎向上送，直入頭部。

藉著循環這樣的完滿呼吸——從身體正面向下，然後再沿著脊椎向上——你的內

如果你在一天當中都沒有充分的深呼吸，一旦與性伴侶接觸，你就會充滿各種遐想和亟欲射精的衝動。

在能量遂能自由流動，你的頭部和性器便不會因為積聚能量而阻塞、緊張，如此一來，射精的衝動就會自然而然的減退。

性愛能強化你體內的生命力。隨著你愈來愈亢奮，呼吸加速，能量會傾向往性器集中，身體也會因為能量的積累而難受地扭動。除非你能夠小心地以呼吸去移動這能量，否則它會積聚在你的性器，導致壓力，使你必須透過射精去釋放。

在翻雲覆雨的過程中與性高潮逼進之際，你都可以進行一些特定的練習，**藉此轉移性高潮的方向**，不必從性器射精，而是改成沿著脊椎向上「射精」，進而體驗至高無上的身體極樂、情感的完全開放，那遠遠超越射精性高潮後的短暫快感、虛脫後的平靜。

該如何練習呢？

你得要學會有意識的收縮你骨盆底的肌肉，包括性器、肛門和會陰（肛門到性器之間的區域），這個練習很像是你試著強忍衝動不去如廁。

除了緊縮骨盆底之外，你還得練習把骨盆底收縮進體內，並向上朝著脊椎拉提。這種縮和提的練習，會讓陰囊微微提升縮向體內。

請把這當成一個單獨動作：緊縮並收提整個骨盆底，包括肛門、會陰和性器。你可以以十五到二十次為一組來進行練習，緊縮收提的時間盡可能持續得愈久愈好。然後，每一次練習做個幾組，而且每一天建議做個三至四遍。

最後，緊縮收提骨盆底的練習對你而言會變得遊刃有餘、隨心所欲，想持續緊縮狀態多久就多久，這代表你已經鍛鍊出必要的肌肉控制能力。

接著，你可以開始進行更精微奧妙的練習——將能量沿著脊椎往上傳遞。

起初，你好似只是想像內在能量在體內運行，不過，透過不斷的練習，你就會更容易感受到或甚至看見這種能量流動和運行，畢竟，你受到強烈性刺激時積聚在性器的，正是這股相同的能量。你會感覺它像水壩裡的水，蓄勢待發——別懷疑，這能量也可以往上爆發。如果這樣的爆發真的發生，你會體驗到比一般的性器射精那種短暫爆發還要強烈的極樂快感，而且通常還會更加更加的具療癒性，使你身心煥發。

做愛時，在即將射精之際，請像剛才說的那樣提縮你的骨盆底。提縮時，透過呼吸將能量引導到脊椎。

雖然大多數人認為，比較好的做法是在吐氣時把能量提升，不過，你最好自己實驗，以確定自己在提升能量時究竟應該吸氣或吐氣。當緊縮骨盆底與伴隨呼吸沿著脊椎向上提升能量結合起來時，你的勃起程度會稍微變軟、射精的衝動也會減弱。做愛過程中，一旦有需要，便重複進行這個練習，以保持放鬆和敞開。

在練習這項技巧時，有時候你會很接近性高潮，當下你必須停下動作，提縮骨盆底，藉由呼吸把性高潮的能量送上脊椎，此外，有些人覺得握緊拳頭、咬緊牙關，讓雙眼向上看也很有幫助——尤其在射精衝動特別強烈的時候。但是，經由練習，所有肌肉動作都會變得非常微妙和柔和，直到整個練習主要都是透過你的呼吸、感覺和意志去進行。

當這樣的能量沿著脊椎向上衝時，放鬆，享受充滿腦袋、向下傾注全身的色彩、感覺和極樂。一旦你對這個技巧熟能生巧，你還可以在伴侶體內觸發相同的感覺。當高潮的能量沿脊椎向上射時，通過心，感覺進入伴侶的體內，你的能量向上流動，也會引發她體內相同的向上流動。

然而，除非你能夠在朝雲暮雨中臣服於愛，否則這個練習只會付諸流水。愛是能量的統領者，**你應該要愈來愈習慣於：你是在在性愛中實踐愛**。無論是多麼疲累的一天，不論生命面對多麼大的壓力，性愛，應該都是實踐愛的時刻。

就像靜坐內觀或祈禱一樣，做愛應該是實踐敞開心靈、圓滿奉獻愛的特殊時光：進入你的伴侶，穿透她，與她一起實踐最神聖的融合。

假如你的心靈封閉，能量就會受到阻礙，這將使你永遠無法把射精轉化為愛的霹靂。如果你不實踐愛，你的性能量會被肉體和情感的舊習所控制，那你就會只感受到射精的小快感。因此，倘若你想盡可能完滿擴展性愛的喜悅極樂，千萬記住——**你的情感品質遠比技巧本身更重要**。

每個人都是不同的個體，你必須親自實驗，視這樣的實踐為愛的練習，再決定何者最適合你。透過練習，你會得心應手的體驗到深刻的非射精性高潮：光芒會向上穿透你的身體，讓你的心靈敞開，能量煥發，身體在極樂裡起伏。然後，你想做多久的愛就能做多久，性愛使你的生命能量充沛，而不是反過來消耗你的生命力。

在你親自實驗去發掘最適合你的技巧時，請記住以下幾點：

無論是多麼疲累的一天，不論生命面對多麼大的壓力，性愛，應該都是實踐愛的時刻。

①不要在內心裡乾幻想，或是揣摩任何一種內向性的性意象（sexual imagery），請完全地覺知當下——覺知你的身體、呼吸和心智，尤其要關注你的伴侶。你要打破以往那種滿腦子幻想的自慰舊習，有意識地把愛當做自己與親密愛侶間深情的關係遊戲來實踐。

②讓全身和呼吸保持放鬆完滿，尤其是維持正面身體放鬆，腹部廣闊，心胸柔軟敞開，這會有助於防止緊張、壓力在這些部位累積。

③學會去感受「滲進你的伴侶並穿透她」，讓你的專注力超越你自身的感覺，甚至超越伴侶的感覺。你要練習向外去感受，彷彿是在向無邊無界的無限處去感受。換句話說，無論你正在感受什麼，要完滿的感受，穿透並超越它，好讓性愛成為一種穿透和超越身體感覺的持續感受，而非集中在任何特定的感覺上。

④不論是在平時或做愛時，都要練習呼吸，吸氣時把能量沿身體正面往下送，吐氣時將能量沿著脊椎往上送。經常跌入性幻想的漩渦或對射精成癮，通常表示你的能量受到阻滯，而且你平日並沒有充分地進行這樣的完滿循環呼吸。

⑤做愛時不時練習一下，邊把骨盆底向上提縮，邊透過呼吸將性能量沿脊椎向上送，然後充滿全身。尤其是接近性高潮的時候，可以同時提縮骨盆底和透過呼吸沿著脊椎去拉升性能量，讓性高潮飆衝上腦部，甚至穿透頭腦，而非向下從性器射出，讓能量流失。這種向上噴射的性高潮，感覺是從上而下輕柔地滲進每個細胞，讓你全身飽滿著強烈而開放的光芒。

經常跌入性幻想的漩渦或對射精成癮，通常表示你的能量受阻滯，而且你平日並沒有充分地進行完滿的循環呼吸。

除非你在性愛中實踐愛，否則這些技巧的效果只會打折扣，因為愛本身的自然智慧才能以最健康的方式促使能量循環。至於我說的這些技巧，主要是在幫助你抗衡多年以來的不良性愛習慣（通常是從少年自慰開始養成的），一旦去除掉慣性射精的陋習，並消除了能量阻塞的障礙，心的力量就會很自然地引導你性高潮：向上爆發，穿過身體和腦部，接著澎湃的極樂會淋漓而下，使你煥然一新，溶掉你的界限——就像陽光下的陰影。

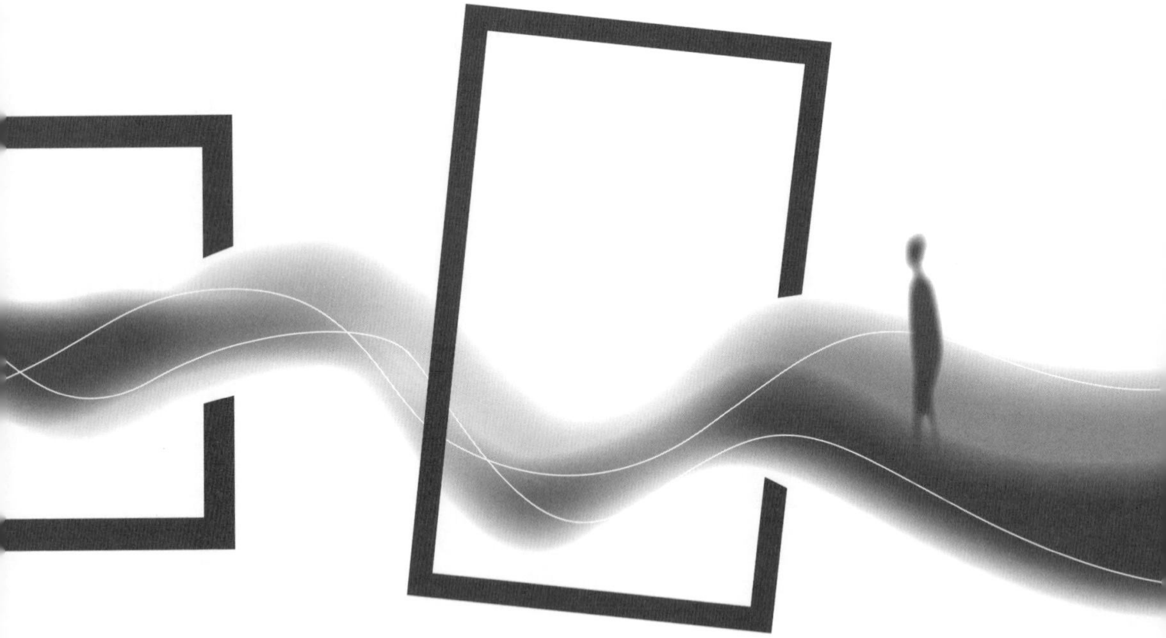

Part 8

親密關係的真正合一

若一對愛侶希望親密關係對彼此都有所裨益，
就得互相支持對方的最優先考量。

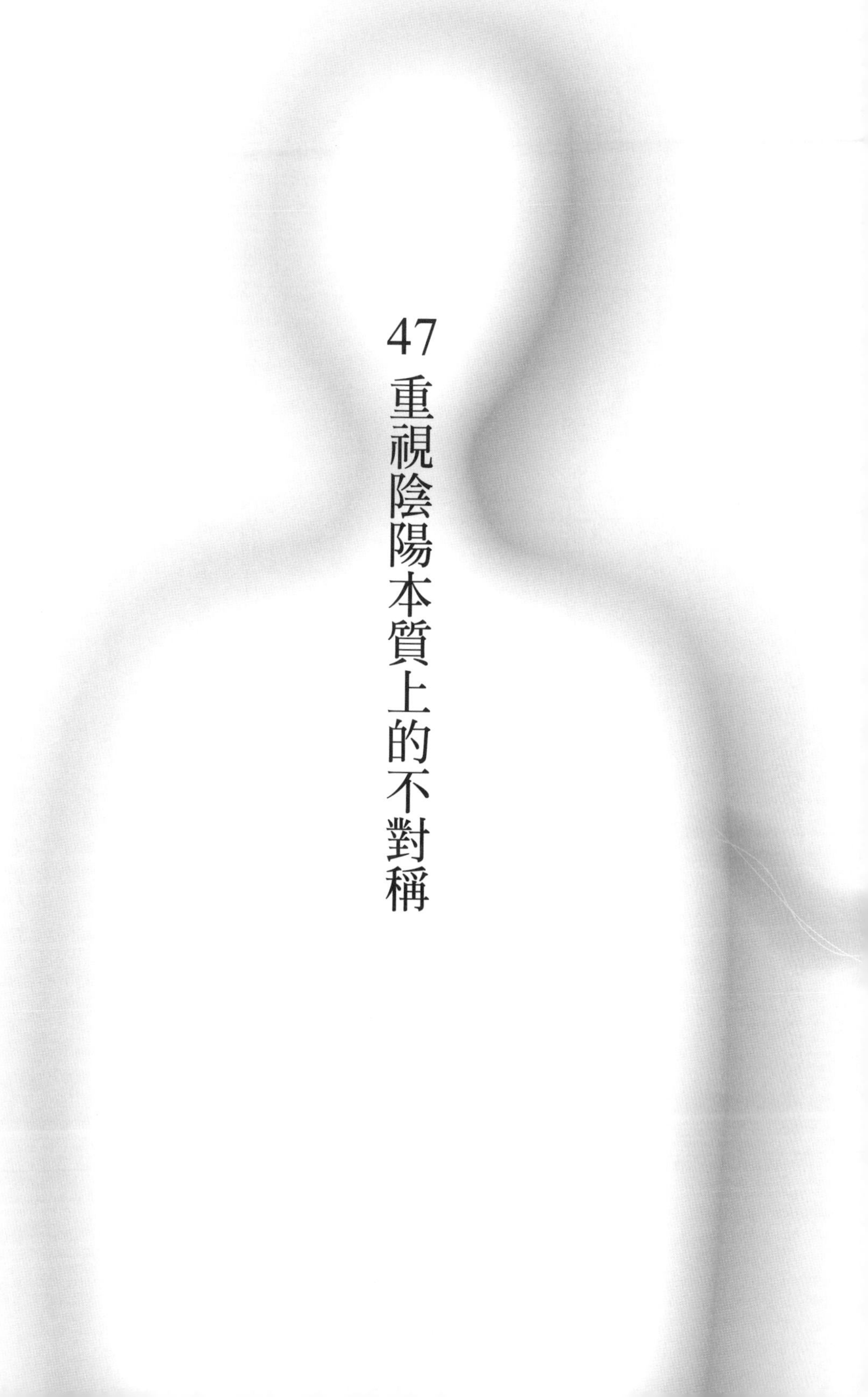

47 重視陰陽本質上的不對稱

在陽性男人的生命裡，親密關係永遠不是首要的，但對陰性女人而言，親密關係卻是她們的優先考慮。

當男人具有更多陽性本質時，優先考量的就會是他生命的使命，邁向更大的解放、自由和意識。

而一個更具陰性本質的女人，優先考量的是生命當中愛的流動，當中包括了她和一個她能完全信任的男人的關係，她會以全部的身心、感情和精神去信任他。

如果一對愛侶希望親密關係對彼此都有所裨益，那麼他們就得互相支持對方的最優先考量。

儘管你和你的女人是平等的，但你們倆卻又截然不同。如果你的伴侶具有陰性本質，當愛流動時，她的核心就會圓滿。

舉例來說，就算她的事業出現了阻礙，但只要飽滿的愛在生命裡流動（在她與她的孩子、朋友和你之間），她的核心就會圓滿。

然而，對你而言卻完全不是這麼一回事。

假如你具有陽性本質，即使你的女人和孩子不分晝夜地愛著你，一旦你的事業出現障礙，你就會很難安心，你甚至會認為——除非你的事業和使命重新回到正軌，否則你無法與你的伴侶分享更多的親密時光。

你女人的核心因愛而圓滿。而你呢？

唯有你的生命和你的使命協調而一致，你的核心才能夠從壓力當中得到釋放。對你而言，親密關係是你實踐生命目標之外，一個值得喜愛、享受的追求；然而，對於你的陰性本質伴侶來說，親密關係就是她生命的核心，你和她親密關係的色彩，會感染她生命當中的一切。

當你們的親密關係非常美好的時候，她的生命便會充滿愛的光采，無論在工作、家庭或性愛上，她都會感到非常棒。

然而，一旦你們的關係出了狀況，一旦她感到自己不被愛、被你拒絕、傷害或遺棄，她的日常生活就會蒙上傷痛的色彩，在工作上、在家庭和性愛中，沒有愛的傷痛都會滲入她的性情。

對你而言，情況卻有所不同。

一旦你們的親密關係出狀況，你會迫不及待的離開家去工作，在那裡，你如魚得水，與生命目標一致，快樂而忘憂。一旦你全神貫注於自己的使命當中，你往往就會把親密關係拋到腦後。

於此同時，親密關係卻是你伴侶的生命核心，感染著她的一切——這就是親密關係裡，本質上的不對稱性。

一旦你全神貫注於你的使命當中，你往往就會把親密關係拋到腦後；但親密關係卻是你伴侶的生命核心，感染著她的一切——這就是親密關係裡，本質上的不對稱性。

然而，這種不對稱性還遠不僅於此。

對大多數男人來說，女人是可以取代的——雖然很殘酷，但這是千真萬確的。如果你和大多數男人一樣，那麼你內心深處其實一清二楚：失去現在的伴侶你會很痛苦，但最終你還是可以另覓佳人。實際上，很多時候，甚至在還沒有失去現有伴侶之前，你就已經有和別的女人在一起的幻想了。

其實，這是因為男人最優先考量的是生命的使命，他會自然地想靠近他覺得能夠支持他使命的女人。對更具陽性本質的男人來說，假如另一個女人能讓他在工作上更有活力、更有能量，他的確可能會渴望她成為自己的親密伴侶。

然而，另一方面，你卻一直佔據著你伴侶的心靈。她整天念茲在茲的都是你，她能感覺到你在哪裡，無論晝夜，她的心都有一縷靈犀與你牽繫。對她而言，你是無可取代的，她不會像你那樣頻繁地考慮其他可能的選擇；你活在擁有各種關係可能性的世界裡，她卻是活在實在而確定的單一關係世界裡。你與她的關係不僅是她的生命核心，還牽制了她的喜怒哀樂。

如果你的女人拒絕了她自己的陰性核心，她會掙扎著擺脫跟你的內在連結，然後試著去控掘自己內在陽性的那一面，企圖抹殺你和你們親密關係的優先性。然後，她會想「過自己的生活」，比方說傾注更多的能量在她的事業上。

雖然每個男人和女人學習讓自己變得完整而且獨立，是很健康的做法，不過，一旦你的女

人嘗試著想要降低你們親密關係的重要性，那無異是在自毀——因為如果她具有陰性本質，渴望愛的流動就會永遠是她的核心，就算她嘗試讓自己專心投身於事業或者是其他活動，也不會改變這個事實。

失去了深情的親密關係（不管是和你的，或是神聖關係），她會受傷，感到痛苦，**就算專心投入於工作事業、藝術或友情，也永遠無法讓她擺脫這樣的傷害**。要是她具備陰性本質，她就應該認許自己的深刻渴望：讓愛在心靈流動，並藉此而自我尊重——就像具陽性本質的人要快樂，就得尊重他或她的這種方向。

我們現今的文化變得非常反陰性化，結果導致許多女性試圖去推翻自己的陰性核心，改走陽性之路而獻身於使命。然而，這種自我否定，往往使得她們容易感到心靈空虛、憂鬱，甚至連身體健康也亮起紅燈。

同樣地，你並不應該否定你的女人的陰性本質而這樣對她說：「妳整個生命似乎都只繞著我們兩個人的關係打轉，這太不健康了吧！妳應該要有自己的生命、方向目標、事業和朋友啊！拜託不要再針對我們的關係發牢騷了，擁有自己的生命吧！」

雖然除了你們的關係之外，她的確應該投身於其他能令她圓滿的生活——這是基本常識；然而，親密關係、性愛智慧的潛規則卻揭示了：

她的陰性本質總是會以愛的流動為核心。

這是再自然不過的事。愛的流動是可以與神聖、神性有直接關係的，縱然一般多半體現在她和男人的親密關係中。

如果你的伴侶具有陰性性愛本質，渴望愛的流動就會永遠是她的核心，就算她投身事業或其他活動。

就像邁向自由——經濟、心理、靈性上的自由——是你的生命核心，渴望親密地去愛，便是女人的生命核心。

請試著仔細回想一下，你每天奉獻多少時間在實踐自己生命中的使命，再比較一下，你每日又花多少時間在圓滿你的女人對拓展愛的深刻慾望——**如果你希望她尊重和支持你追尋自由，難道你不該尊重她對愛的渴求和執一嗎？**何況她為愛獻身的熱忱其實可以教導你很多東西。

有的男人會因為自己不像他們的女人那樣全心投入在親密關係中而覺得內疚，首先，你必須知道，這其實是很自然的差異——如果你更加具備陽性本質而你的伴侶更傾向陰性本質，那麼你永遠都不會像她那樣地專注於親密關係，你永遠不會像她那樣為了愛時而忐忑不安、時而興高采烈。

請不要企圖在她面前假裝，別為了她而假裝自己很關注你們的關係——**她可以感應到你的心究竟在哪裡！**相反的，你要忠誠於自己的核心慾望，完美圓滿地為自己的最高使命和目標而獻身。

假如你的生命最高目標之一，是心理或精神上的自由，你很自然地就會高度看重你和你女人的親密關係。

請不要試著在她面前假裝，別為了她而假裝自己很關注你們的關係——她可以感應到你的心究竟在哪裡！

沒有人比你的女人更了解你的底細，她懂得讓你手足無措、更能揭示你其實是個不折不扣的混帳，她會比新兵訓練營中的教官更能一針見血地直接揭露你的弱點，也比心靈工作坊的老師更能點出你的心智是模稜兩可或清晰明確，除此之外，她也比任何風塵女子更能讓你滿足，所付出的深情會多過於你所能回應的。

如果你們彼此都能看重這種親密關係上本質的不對稱性，你們就可以專注於各自真正的慾望，**而不是為了親密關係表面的相安無事而妥協**。

當你與自己的最高目標協調一致，你會更覺知當下的存在、更充滿愛、更幽默，而你的另一半將會是你拓展存在感、愛和幽默的第一個受益者——要是你們的親密關係並非持續地朝這樣的方向成長，你的生命就無法與你的最高目標協調一致。

同樣地，當你的女人獻身於她內在真我的心靈慾望，你也會感受得到。她的能量、光芒，以及她在人間創建天堂的力量，會持續不斷地滋養著你——即便它並非直直向著你。你會受到她的魔力啟發，她在性愛中讓你著迷，她的洞察令人驚歎，而在她身上流動、充滿愛的生命力會使你活力振奮。

然而，一旦她選擇摒棄陰性核心的慾望，轉而走上陽性的目標和使命之路，以之為她核心所需，那麼你們倆都會深受其害，她的光芒會減退，她會變得充滿防備，連帶的使你們倆的心都無法在親密關係中放鬆。

你的女人可以是企業的高層主管，而你可以是家庭主夫，這並不成問題——只要陽性的你活出了自己的最高目標，而陰性的她的生命仍是奉獻給愛。

請尊重你們之間本質上的不對稱性，唯有你們彼此都願意支持對方的核心慾望，親密關係才能賜予你們各自所需的，甚至給得更多，並引領你們進入存在的極樂喜悅——事實上，你們的關係其實只是對這種極樂喜悅的某種期盼。

48 承擔起在關係裡讓彼此成長的責任

在親密關係中，陽性和陰性各有其天賦才能，而每種天賦才能也各有其本身的責任。

親密關係裡的成長方向，主要是男人的責任，而親密關係的能量（歡愉、愛的流動和生命力）主要是受到女人的主宰。

簡單來說，男人要負責女人愛的深度、情緒的開放程度，而女人則對男人的「勃起」或身體的能量有責任。

一旦長大而成為獨立的成年人，你就不再需要別人來照顧你了，你可以對自己負責，你尤其會明白，你得對自己的快樂負責。沒有人可以代替你過日子，你必須創造自己的成功、健康和快樂。

不過，這種自我責任僅僅只是你成熟的一部分，現實裡，除了對自己負責之外，你還有奉獻天賦才能的責任——

你必須超越對親密伴侶的依賴，為追求自身的快樂而成長，這是很重要的事。

然而，同樣重要的另一件事情是——**簡單的個人獨立自主是不夠的，你得超越這個境界。**

個人獨立之後，下一階段的親密關係是：你和另一半相互獻上自己的天賦才能，換個說法，就是在愛裡互相為對方服務。

你可能注意到了，你的女人正迷失在情緒裡。她可能極度的焦慮緊張，抑或覺得沮喪、憂鬱，你彷彿能夠感覺到，好像整個家都被烏雲籠罩了。對大多數女性來說，一旦陷入某種情緒就很難抽離出來，而你可以本著愛去介入——這是陽性的偉大贈禮之一。其中的關鍵在於：**不要當她的治療師，而是喚醒她、敞開她的心靈，提醒她愛的至高無上。**

要是你花超過五分鐘的時間才能打開她，讓她融入愛當中，這可能表示你平時老是光說不練，又或者你忘記了自己真正的生命目標。

你的陽性天賦在於清楚自己目前的存在位置、應該朝往的方向和如何具體行動去達成目標。

假如你對此有一丁點不清楚，就應該竭盡所能去搞明白。從本質上來看，這個目標正是你必須奉獻給你的伴侶和這個世界的基本贈禮。要是除了家務事、工作、養育孩子、看電視和度假等例行事務之外，你就沒有更崇高的目標和願景，那麼你真的是在辜負生命與生俱來的權利，你的女人與這個世界都會因為你未能發揮自己的天賦才能而感到受騙，相對的她們也會只向你獻上較少的贈禮。

倘若你的女人經常緊張，你必須得知道在實際生活層面上，她可以做些什麼好讓自己放鬆下來。

說不定她需要多加運動、需要靜坐冥想、需要換個工作跑道、需要多跳些舞、需要更常跟她的閨蜜膩在一起。

你的陽性天賦在於清楚自己目前的存在位置、應該朝往的方向和如何具體行動去達成目標。

假如她大部分時間都感到不夠完滿，你需要知道她究竟缺少了什麼。她有沒有經常在獻身的臣服中開放身心而融入無法抑制的極樂狂喜中？她是不是足夠經常敞開自己而融入圍繞她的神聖之愛中？你又是否經常幫助她達到這樣的圓滿呢？

你是否在大搞特搞那套「心思細膩男」的把戲，給她「空間」任由她獨自痛苦，而不是向她奉上你始終如一、無畏無懼的贈禮？假如她不需要你的天賦才能、你最深層的智慧、毫無壓抑的關愛，你為什麼想跟她在一起？

在你們倆的親密關係裡，你最主要的天賦才能就是**時時刻刻引導她走出情緒，融進愛的開放性當中**。接著，是一天天引領她的生命朝向那更大程度的神聖之愛，甚至超越了你們倆的親密關係，使她的生命從根本上成為交融、奉獻和喜慶。

要是你不能這樣引導你的伴侶，你又可以為她奉獻上什麼呢？那麼，她為什麼要跟你在一起？你們的關係究竟有什麼意義呢？

要奉獻這陽性天賦才能，你必須每日有意識的練習與實踐。

就像音樂家的技藝需要練習一樣，你必須每天練習感受的技巧，穿越自己的恐懼，直達你的極限，接著稍稍超越極限地活著——既不是偷偷摸摸地躲起來自慰、也不是逼迫自己乃至與你生命的本源割裂。你的本源是你的最深層真我，它應該愈益成為你生命的推動力。

隨著時間，你的一切行動都應該漸漸地和這個本源協調一致，就連你的親密關係也必須如此。

你可能會迷失在自己的思緒、目標和計畫中，你的女人可以奉獻給你的主要贈禮之一，就是引你回歸自己的身體、回歸到當下此刻、回歸到愛裡，好讓你與自己的本源再度建立連繫。透過撫摸、關愛和吸引力，她還可以給予你能量，好讓你彷彿全身勃起似的，圓滿而充滿生命力，隨時準備進入這個世界，融入愛當中。

你的女人或許是美國總統，但就算如此，如果你具陽性本質，那她能送給你的獨特贈禮，就是以她陰性的吸引力將迷失的你領回你的身體。

如果沒有女人與你一起在當下體現愛，你可能會把大部分時間都拿來計畫工作、死盯著電腦螢幕、埋頭苦思、追逐未來財務或精神層面自由的目標。你割裂了自己，連接不上當下、自己的身體和你的伴侶。

一旦你純粹的與你自己的身體、你的女人在一起，完全地覺知當下而存在，沒有被你分裂的頭腦拉出去，你的界限會開始融化，你會融進愛的開放中。若你能深入且徹底地去感受你的女人和你的身體，她和它會呈現出彷彿是透明的狀態，而存在的本源（真我）和你因為活在當下而光芒四射的本質，將會在其中清楚顯現。在這通透的顯現當中，**你的天賦姿態是服務——除了在奉獻贈禮中融化她，你別無選擇**。

你的女人可能並不想接受你的天賦才能，甚至表現出抗拒，而這個世界可能也會如此。

> 你的女人可以奉獻給你的主要贈禮之一，就是引你回歸自己的身體，帶回到當下此刻、到愛裡，並與自己的本源再度建立連繫。

不過，你別無選擇，你得活在你的極限邊緣上，竭盡所能圓滿地去愛，讓你的身體以深層本源的能量來勃起屹立，並向世界和你的女人奉獻上你所實現出來的所有的愛。肩負起全部的責任——雖然這兩者似乎會拒絕你、引誘你，直到你可以徹底深入地感受她們為止。

感受著並深入你的女人、世界，奉獻你的天賦才能，直到生命的最後一刻。

49 堅持自我訓練與成長

掌握生命的方向是陽性的最優先考慮——即使在親密關係中也一樣。在靈性上較不成熟的男人可能會威脅女人說：「不走我的路，就滾去公路吧！」在成長中的男人往往會軟化，遷就妥協，扮演好好先生。然而，陽性核心男子漢並不會退而求其次，他會一心一意地追求自己和伴侶所能達成最圓滿的愛。

懷著寬容，他穿透所有廢話，要求率真、誠摯而幽默，彷彿在向他的伴侶昭示：「若不能走神聖之路，就請移駕去公路吧！」他和靈性較不成熟的人一樣，會堅持生命的方向，但是他並不是要他的伴侶跟隨他的個人方向，而是希望她能走上最有助於她在愛和快樂中成長的方向——而他不會屈服於任何較低層次的目標。

要是你不清楚自己的生命方向，你肯定很難為你的女人指出明確的方向。因此，第一步是調整你自己的生命，好讓自己（至少當下此刻）是活在極限邊緣上，和你的生命目標協調一致。如果目前的你不完全確定自己過的是不是你所需要的生活，你的伴侶會感覺到你缺乏生命清晰的方向，如此一來，她會抗拒你給予她的任何建議。

一旦迷失在日常的計畫、事務和責任裡，你會很容易忘記生命存在的目標；你的女人若迷失在情緒和情感的循環裡，她會很容易忘記那處於她核心的愛。因此，做為對你們彼此的贈禮，你必須擺脫埋頭苦幹的麻木心態，打破她藏匿悲傷、恐懼和憤怒的囚所，揭示你們的真我。你要盡可能深入存在的奧祕，好讓你的天賦才能從那個深度湧現出來；任何通往那個深度的障礙，不論那是來自你或你的伴侶，都應該突破，好讓你的天賦才能在此時此刻從那最深的本源湧現出來。

要是你無法突破並掌握方向，你的女人就會自己披掛上陣，這是因為——親密關係中的陽性和陰性能量被能量守恆定律所支配著。當你愈少順從真我活出陽性本質的方向，你的伴侶就必須承擔更多去指出陽性方向。不論你是個懶散的混蛋，或是只會埋首苦幹而實際上並未發揮自己的天賦才能，你的伴侶都會厭惡你缺乏深層的方向，所以她會挺身拾起陽性的利劍，試著刺破你的懶散，讓你有緊迫感，然後回歸內在本源去奉獻出你的天賦才能。

然而，你的核心是陽性的，一旦她的陽性企圖刺破你，你會因而日漸失去自己的極性。你們會像是兩頭公羊在互相衝撞，因為你和她都處在陽性那一極。如果你因為這樣而轉向偏陰性那一極，事態將會更糟糕——不管在事業上有多麼叱吒風雲、呼風喚雨，你會日漸養成一種深刻的生命習慣，在關係中對另一半俯首貼耳。結果她變得精明苛刻而陽性化，你虛假地逆來順受、殷勤討好，而你們都會對此感到反胃。

倘若你原本陰性的伴侶長時間在態度上對你尖刻悍辣，這可能是在警示你：無論你在親密關係之外有多成功，你都沒有辦法使你們彼此的生命與最高真理的理想境界

當你愈少順從真我活出陽性本質的方向，你的伴侶就必須愈朝向陽性方向。

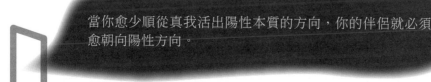

一致。你並沒有穿透日常任務、她的情緒去揭示你們生命的沃土本源，她逼不得已也只能自己揮起陽性的利劍——根據能量守恆定律，任何你無法付出的陽性天賦，你的女人會自然地承擔起來去付出，但你的核心是陽性的，這樣的付出反而會讓你對她興致索然，甚至讓你想要退避三舍。

你得完全負起戒除自己的懶散、耽溺和缺乏生命方向的責任！沒什麼好拖的、也沒有誰可以讓你埋怨，若有任何適合的方法，就去好好用它。

試著跟你的哥兒們好好談談、接受治療、練習靜坐冥想或祈禱、追尋願景、閱讀聖典、在大自然中漫步、寫日記，或者向老師請益。要記住，你所選用的任何方法是否能夠成功有效，完全取決於你發掘內在最深層真我的決心有多實在，並且調整你的生命與之一致。

假使你寧願自慰、讀報紙、看電視、上網，而不是衝破耽溺，在日常生活中自我訓練，以發自最深層、最極樂的本源去奉獻天賦才能的話，你可以一直靜坐冥想到臉青唇白卻毫無所獲。你的志向多堅定、你的實踐有多深入和連貫，會決定你的奉獻方向是否有成果，以及你是否有能量引導你伴侶的生命邁向更大的快樂，讓她整個人臣服於愛。

50 在獨處或與哥兒們相處中回歸生命的目標

在獨處、面對極具挑戰的環境、和無法容忍他廢話的同性相處時，男人會重新發現並微調他的生命目標；和其他女人一起相互慶祝遊玩時，女人最能強化她的陰性光芒。因此，男人得安排兩種「充電」的方法：一是自己獨處或跟其他男人聚會，二是讓他的女人去和其他女人相處。

過度地和你的伴侶相處，你們彼此會互相磨損感染，而且通常是以最不好的方式。為了要和陽性的你相處，陰性的她會開始採用你的陽性說話方式，否定了她的陰性慾望——在嬉戲和快感中流動，不必像陽性那樣說話明確有條理、具連貫性，或者實現陽性的目標。至於你，也會開始採取她的陰性模式——撫觸和情感，而否定你全力以赴對待事情的慾望（不論是對你的生命目標或伴侶），你會輕啄她、擁抱她、輕拍她，透過放閃讓她安心。簡單來說，女神和戰士變成了中性化的家庭成員，只是分享著表面溫和的親密關係。

為了讓陰性核心生氣盎然，你的伴侶每天都需要花些時間拋開一切地去慶祝。在這盡情跳舞、唱歌、歡笑和純粹的喜悅中，她的身心得完全放下陽性（方向、受控、條理、目標導向）的責任；這種她和姊妹淘一起慶祝的時刻，最能夠讓她煥然一新，她們的陰性光芒會交互輝映，一旦女人經常缺少這種陰性的重生，她會容易出現抑鬱陰性能量的症狀：生病（尤其是那些最展現陰性特質的身體部位）、憂鬱、消沉、沮喪、缺乏生命能量、性慾低落且很難享受性愛。

這年頭的男人時興重拾內在的陰性能量，你若希望本身的陰性能量恢復生命力，你可以做的事其實和女人差不多，例如和朋友一起去森林唱歌、跳舞、大聲歡笑。對於那些在陽性方向變得僵化、在生命中不知分享、沒有讓喜悅流動的人而言，這其實不失為一帖良藥。不過，對那些失掉生命目標、不知生命意義或無法使生命和真我協調一致的人來說，和夥伴去唱歌跳舞根本無濟於事。

想要治療缺乏生命目標的症狀，你得站在極限邊緣接受挑戰——因為你已經失掉了獨立活在邊緣的能力。**嚴格修行和挑戰，是把你帶回陽性能力極限的兩大絕招。**

嚴格修行是指你必須除去生活中的舒適和緩衝。你已經習慣躺在這些緩衝裡舒舒服服、迷迷糊糊地過日子，現在你要除去一切令你鈍化的東西。丟掉報紙或雜誌，關上電視，遠離糖果、餅乾或甜點；你要禁慾、零親熱，吃飯如廁時不要閱讀，減少工作時間至最低必要程度，不看電影，拒絕無關真理、愛和神聖的對話。

若能夠嚴守這些紀律幾個星期，以及運用任何其他紀律來打破使你變得麻木的癖習，你的生命就不會虛擲在使你分神的事物當中，只剩下你的極限邊緣——你過去一直以日常的例行公式來逃避它。你將不得不面對基本的不舒適和不滿，但這其實是生命隱含的本質，你得接受活於真我的挑戰，而非逃避它。

不加修飾的痛苦，是陽性成長的最佳伴侶。只有對你的個人痛苦保持親近，你才能夠感受穿透它而直達其根源——當你把所有注意力都放在事業、電視、性愛和閱讀（以現今角度來說，或許也包括上網），你就很難穿透痛苦，而它的根源便會一直隱閉著。

想要治療缺乏生命目標的症狀，你得讓自己站在極限邊緣接受挑戰。

那些你屢試不爽能規避痛苦而不去感受的活動或事物，會讓你的生命被它們所制約——你稍稍碰觸這些痛苦的表面（你或許會覺得它沉悶無聊），但很快就拿起雜誌和電視搖控器。

你應當反過來去感受你的痛苦，跟它休戚與共、擁抱它、做愛般的接納它。感受自己的痛苦，深刻且完全地穿透它，去直視它令你畏懼的根源。你所做的幾乎每件事，其實都出自於對死亡的恐懼，但從你出生的那一刻起，就一直在「奔往」死亡（更大的自由），兩小時全神貫注於一場精采的超級盃賽事或許能令你暫時分心，**但事實還是存在**。你生下來就是為了奉獻犧牲，你若不是參與獻祭，在奉獻天賦才能中溶解，就是抗拒它，那麼一來，它就會成為你的苦難。

跳脫生命的舒適圈，就有機會在生與死之間的當下自由下墜，穿越恐懼的深淵，進到不再有威脅的開放中——你天賦才能的本源。陽性核心男子漢的一生就是這樣為愛而自動獻祭。

除了嚴格修行，另一個讓你重新發現陽性核心的途徑是通過挑戰。

較粗淺的挑戰類型包括登山、攀岩、體育競技和（室外高強度）體能訓練營等活動。舉凡這一類型的身體挑戰，都會讓陽性的目標和方向感（不論是對男人或對女人）立刻生氣勃勃。

更深刻的挑戰形式，則是突破障礙來奉獻天賦才能。假如你一直害怕公開演講，你可以每星期一次，連續三個月，挑戰去向大眾演講，要是有一個星期錯過了，下一週你就必須發表三回演說；如果你一直想寫小說，卻連一部作品都完成不了，請向你的好哥們宣告：接下來這一年，你會一星期（或一個月）完成一章，一旦你未完成一週的階段性目標，你就要給他們三千元，要是你達不到你的年度目標，你便要給他們三十萬！

這裡的重點是：**要是你在面對挑戰時被恐懼嚇住而停滯不前，你就得承擔後果。**在登山或競賽時因為恐懼而畏縮不前，後果通常都很明顯，然而，你得在一生中不斷提醒自己無法面對挑戰會嚐到什麼後果——除非你只想沉迷於快樂的舒適圈。

男性若要重新調整生命，最有效的形式是同時執行嚴格修行和挑戰。獨自進入森林，只帶最基本的生活必需品，沒有任何讀物，不做任何事，禁食，少眠，透過某些練習去挑戰專注力——如唱誦或儀式性動作，避免注意力溜走或變得鬆弛。敞開心扉，等待下去！不要想掩蓋你的痛苦，直到你直直下墜穿越恐懼、找到真正的使命並懷抱著願景出來前，都不要停止——你會體認到，你的使命就是你向世界獻身的獨特方式。

這種與世隔絕和挑戰，是男性在追尋生命目標和願景時極端卻有效的方法，不過，日常生活當中也有不少有效但普通一點的方法。

每天花點時間獨處，獨處時切勿找任何樂子，以免分心。心無旁騖地坐十分鐘，不要坐立不安的東碰西弄，不按搖控器、不翻雜誌，就只是存在著，做回最純粹的自己，不要嘗試改變任何事情。就這樣體察並伴隨著你的痛苦，直到你下墜並穿越它，去直覺、洞察生命的無底本源。

就像你的女人必須定期有與閨蜜相處的姊妹淘時光，你也一定要定期花時間只跟

男性若要重新調整生命，最有效的形式是同時執行嚴格修行和挑戰。

你的哥兒們相處——每星期至少一次，找你的男性朋友聚一聚，彼此勉勵成長。**請直言無諱，而不要插科打諢**，假如你認為你的朋友在浪費生命，請直接告訴他——你愛這位摯友不是嗎？相對的，你也應當欣然接受哥兒們對你的批評建議。你們要互相建議對方可以承擔起什麼樣的挑戰，讓彼此都能夠穿越恐懼——正是這些恐懼限制了你們在奉獻天賦才能中臣服。你們可以向彼此允諾，無法堅持挑戰時得承擔起什麼後果，比如說，你同意在一週之內，每隔一天就讓妻子銷魂狂喜三小時，要是落了一天，你就要幫朋友割草。

這類「廢話少說」的心靈成長聚會應該和好哥兒們的歡慶聚會交替進行，而且，即使在歡慶聚會當中，也應該要有挑戰：使你們能保持覺知，避免分神去耽溺、放縱自己——歡聚時刻並不是為了減低你們的完滿，你們是為了超越恐懼而交流。你們可以相約一起到冰冷的水裡游泳，或是在飲酒至醉倒的邊緣通宵唱誦聖詩以禮讚生命存在的奧祕——過程中誰都不可以迷糊失神或昏昏欲睡。

無論你們做什麼，你都要與朋友分享關愛，愈多愈好，別甘於安逸平凡，也別活得低於每個男性所能奉獻的最圓滿天賦才能。

務必安排好你的伴侶和你自己都有這樣能夠讓你們煥然重生的時光，否則，你很可能會在討價還價的停滯不前與性中性化的緩衝裡漸漸腐朽，它們會填蓋住你真正的極限邊緣，而使你無法在親密關係當中活出並奉獻出你的天賦才能。

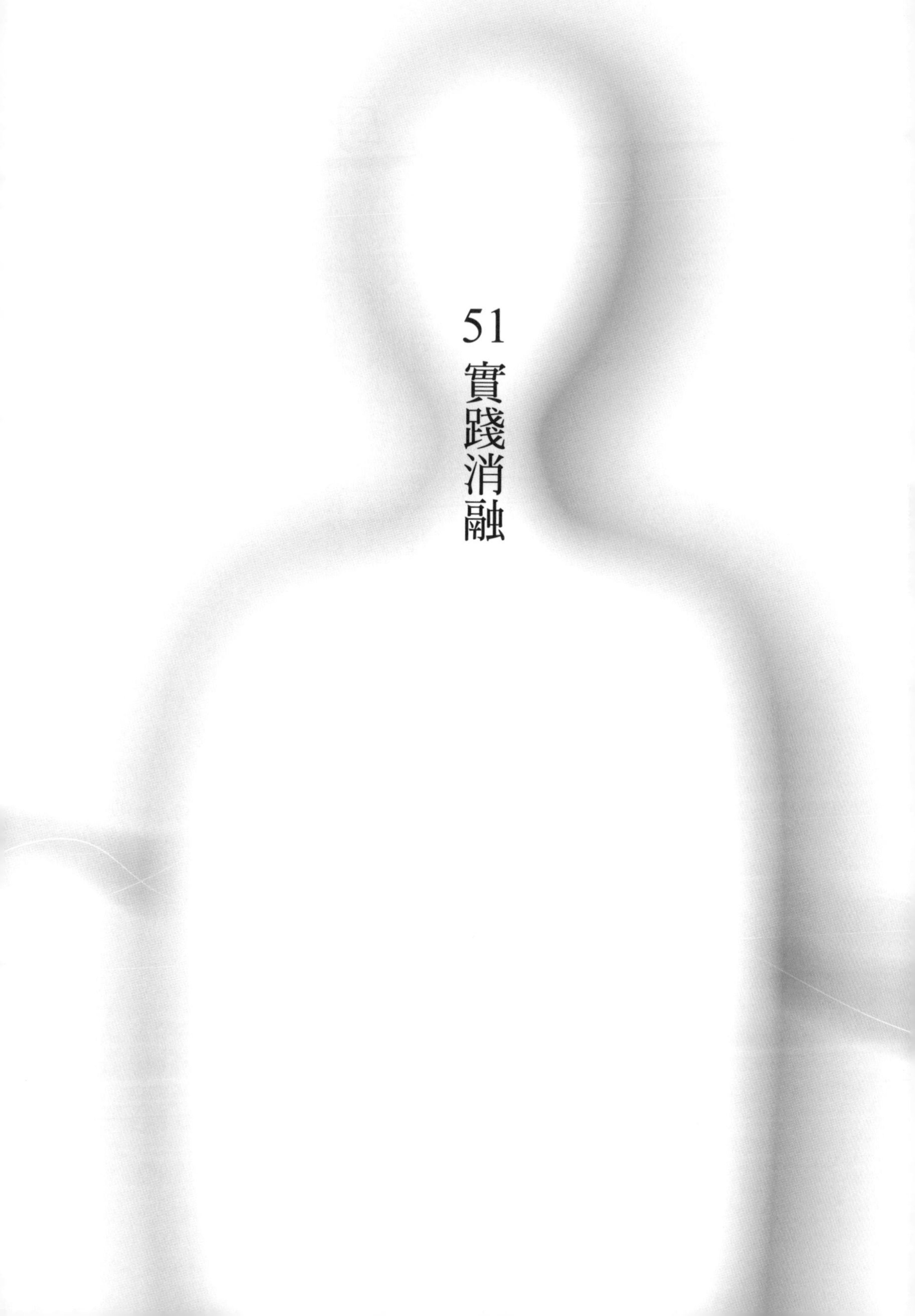

51 實踐消融

就像消融在激烈的性高潮那樣，男人最大的慾望就是徹底的釋放、終極的解脫。

每時每刻，都要藉由深入你的女人和世界去實踐愛，讓你臣服於愛時所發揮的那股力量，去轉化每一刻為神聖融化的高潮。

像擁抱情人那樣去體驗每一個當下，並信任愛引導你朝往的任何方向。

在奉獻天賦才能中死去吧，你甚至會連自己已不再執著於自我都沒有注意到！恐懼是你最後的藉口，但你不必與它搏鬥，而應該要在愛中穿越它。

讀者迴響

□這不是本只為男人而寫的書，如果你想了解我們都擁有的陽性和陰性能量，這是一本十分精彩的作品！

□有些女人可能會不同意書中的內容，但是如果你仔細閱讀，這本書將以最真實的形式闡明有關陽性和陰性的深刻真理……身為母親，我想把它送給我的兒子！

□我在本書中確實找到了許多有用的想法，也鼓勵你買這本書，但每個人的狀況不同，你一定要懂得從中找到適合自己的概念，並多看一些其他作品的建議，不是照單全收。

□我男朋友在聖誕節禮物清單上說想要這本書，看完評論後我其實很猶豫，但我買了書並先行閱讀，最後，我把書交給了他。本書所有內容都是為了讓我們更好，採取你認為有用的方法並按照你認為合適的方式應用它，其餘的，就讓它留在塵土吧……這是本紮實的書，並且對男性思想有一個公正的認識，但作者顯然不是一名女性，他對女人的某些想法可能不一定適合地球上的每一個女人，但這正是兩性可以進行對話之處，我認為這是一本對男女雙方來說都很值得閱讀並討論的書。

□這本書絕對有啟發性。它可以改變你的生活，它已經改變了我的。在經歷了非常動蕩的成長之後，如今我學會了寬恕我的家人和自己，並為下一步做好了準備——是這本書啟發我採取行動，成為了我分享自己目標和愛所能信賴的能量，終於，我十年來第一次與我媽和我姊聯繫了，並迎向我真正想做的事業……

□本書提供了科學或學術無法衡量的思想和哲學真理。本書中所示的資訊對任何一個思想開放、願意閱讀的人都是有益的，它將回答許多男人一直不斷在問的煩人老問題！

New Life

21

New Life

21